Projetos Pedagógicos na
educação infantil

B238p   Barbosa, Maria Carmen Silveira
        Projetos pedagógicos na educação infantil / Maria Carmen Silveira Barbosa, Maria da Graça Souza Horn. – Porto Alegre : Artmed, 2008.
        128 p. ; 23 cm.

        ISBN 978-85-363-1111-1

        1. Educação Infantil – Projeto Pedagógico. I. Horn, Maria da Graça Souza. I. Título.

        CDU 373.2

Catalogação na publicação: Juliana Lagôas Coelho – CRB 10/1798

Projetos Pedagógicos na educação infantil

Maria Carmen Silveira Barbosa
Professora na Faculdade de Educação da UFRGS.
Doutora em Educação pela UNICAMP.

Maria da Graça Souza Horn
Doutora em Educação pela
Universidade Federal do Rio Grande do Sul.

Reimpressão 2012

2008

© Artmed Editora S.A., 2008

Capa
Ângela Fayet Pragramação Visual

Preparação do original
Elisângela Rosa dos Santos

Leitura final
Carla Rosa Araujo

Supervisão editorial
Mônica Ballejo Canto

Projeto e editoração
Armazém Digital Editoração Eletrônica – Roberto Carlos Moreira Vieira

Reservados todos os direitos de publicação, em língua portuguesa, à
ARTMED® EDITORA S.A.
Av. Jerônimo de Ornelas, 670 - Santana
90040-340 Porto Alegre RS
Fone (51) 3027-7000 Fax (51) 3027-7070

É proibida a duplicação ou reprodução deste volume, no todo ou em parte,
sob quaisquer formas ou por quaisquer meios (eletrônico, mecânico, gravação,
fotocópia, distribuição na Web e outros), sem permissão expressa da Editora.

SÃO PAULO
Av. Embaixador Macedo Soares, 10.735 - Pavilhão 5 - Cond. Espace Center
Vila Anastácio 05095-035 São Paulo SP
Fone (11) 3665-1100 Fax (11) 3667-1333

SAC 0800 703-3444

IMPRESSO NO BRASIL
PRINTED IN BRAZIL

Para as nossas Marias, Maria do Brasil e
Carmen Maria, que nos ensinaram a educar.

SUMÁRIO

Prefácio 9
Teresa Vasconcelos

Apresentação 13

1. **Era uma vez... trajetos e projetos** 15

2. **Por que voltar a falar em projetos** 23
Os novos paradigmas da ciência 24
A aprendizagem humana 25
A infância na sociedade contemporânea 28

3. **Mas o que é projetar?** 31

4. **Projetualidade em diferentes tempos:**
na escola e na sala de aula 35
Projetualidade na escola: a articulação entre proposta pedagógica
e a organização do ensino em projetos de trabalho 43
Projetualidade na sala de aula 46

5. **Tramando os fios e estruturando os projetos** 53
Definindo o problema 54
Mapeando percursos 56
Coletando informações 59
Sistematizando e refletindo sobre as informações 62
Documentando e comunicando 65

6. **Diferenças de projetos na creche e na pré-escola** 71
Projetos na creche 71
Projetos na pré-escola 80

8 Sumário

7. Comunidade de aprendizagem 85
O professor na pedagogia de projetos 85
As crianças e o grupo na pedagogia de projetos 87
As famílias e a comunidade 89

8. As marcas deixadas no caminho 93
Como e para onde andamos 93
A avaliação na educação infantil 97
Criando alternativas 100

9. Da avaliação ao acompanhamento 103
Instrumentos de planejamento, acompanhamento e registro 104
Diferenças entre portfólios, dossiês e arquivos biográficos 111
Novas práticas para comunicar os resultados 114

10. Projetos em Reggio Emilia: pensamento e ação 117

Referências 126

PREFÁCIO

A essência da arte do professor reside em decidir que ajuda
é necessária em uma determinada circunstância
e como é que esta pode ser melhor oferecida.
Torna-se claro que, para tal, não há uma fórmula definida.
Mas talvez algo de útil possa ser dito sobre as
formas de ajuda que poderão ter mais valor.
(Margaret Donaldson, *Children's Minds*, 1978)

Ao usar esta citação de Margaret Donaldson para iniciar a apresentação do livro *Projetos pedagógicos na educação infantil*, de Maria Carmen Silveira Barbosa e Maria da Graça Souza Horn, quero tornar bem claro que considero a metodologia de trabalho por projetos como "uma das formas de ajuda" de maior valor na educação de infância. Considero ainda que essa metodologia, apesar de, no caso específico desta publicação, orientar-se para a educação de infância, pode aplicar-se a qualquer grau de ensino, do infantil ao universitário.

As autoras fundamentam a metodologia de trabalho de projeto em uma perspectiva socioconstrutivista e sociointeracionista, apontando para uma perspectiva de pós-modernidade e para uma visão global dos problemas da educação. Nesse contexto, fundamentam o trabalho de projeto em teorias ligadas ao pensamento complexo e às perspectivas interdisciplinares como forma de resolução dos problemas. Centram a aprendizagem em uma experiência coletiva, cooperativa, em que um elemento do grupo pode ir mais longe porque é sustentado pelos outros elementos desse mesmo grupo.

Tratando-se de uma metodologia centrada em problemas, o trabalho de projeto coloca-se na "zona de desenvolvimento proximal" (Vygotsky) da criança, convidando-a a trabalhar acima e adiante das suas possibilidades, tornando-se um eficaz andaime para o seu desenvolvimento. Toma como ponto de partida uma criança que é ativa, cheia de capacidades, criadora de sentido para a sua existência, capaz de posturas de cidadania. Inscreve-se assim, na perspectiva das autoras, nos novos desenvolvimentos da sociologia da infância. Cria, com as crianças, aquilo a que Vygotsky chama "comunidades de investigação" e, em uma perspectiva bem à maneira de Paulo Freire, torna o aluno sujeito do seu próprio desenvolvimento, capaz de dizer "Eu" e de ser um agente ativo na transformação da sociedade, aprendendo com e através dos outros, em uma perspectiva interdependente e solidária.

Essa metodologia, com uma longa tradição na pedagogia, é enquadrada pelas autoras no movimento da escola nova brasileira e nas perspectivas mais avançadas de inovação e experimentação pedagógica. Aponta para um novo papel do professor, a meu ver, o único possível: o professor como cocriador de saber e de cultura com os seus educandos. Tenho observado que os melhores projetos em ação, mesmo os que envolvem crianças bem pequenas, são aqueles que implicam não apenas as mentes das crianças, mas também as mentes dos adultos; são aqueles que apresentam um conjunto de dificuldades que o adulto tem de resolver. Essa metodologia recorre aos recursos da comunidade e dos seus diferentes "especialistas", envolvendo a comunidade no processo educativo vivido na escola infantil, descentrando a função educativa de uma pessoa e convidando todos a serem simultaneamente aprendentes e geradores de cultura.

Para além de uma sólida fundamentação teórica, as autoras enriquecem o seu trabalho com profícuos exemplos de projetos em diferentes fases de desenvolvimento, tornando mais claro para o leitor o caminho específico dessa abordagem pedagógica centrada em problemas. É de salientar a fundamentação que apresentam para a introdução de projetos com crianças de 0 a 3 anos. Na parte final do seu livro, as autoras descrevem e explicitam como se faz avaliação integrada no âmbito dessa metodologia de trabalho, exemplificando diversas metodologias de avaliação e centrando-se na importância da documentação pedagógica e da construção de portfólios que podem ser individuais ou coletivos, documentando um determinado projeto em suas diferentes fases.

Essa metodologia de trabalho toma o professor como cidadão, motor do seu próprio desenvolvimento, capaz de gerir um currículo adequado ao grupo de crianças de que é responsável e integrador das questões e dos problemas do mundo mais amplo. Integra o professor em uma equipe educativa, envolvendo professores de outros níveis educativos e favorecendo, assim, uma transição harmoniosa da criança entre ciclos. Essa metodologia de trabalho toma ainda a criança como cidadã, autora do seu desenvolvimento, agente de pesquisa, sujeito e criadora da sua própria existência, capaz de uma vivência solidária e responsável com os outros.

Este livro é, pois, uma excelente contribuição para a pedagogia da infância no Brasil, um recurso que deverá ser usado em todos os cursos de formação inicial e, também, em projetos de formação continuada de professores de educação infantil. Que todos saibamos aproveitar o imenso saber e originalidade das suas autoras para, cada vez mais, podermos elaborar em nós esta "arte" e "essência" de saber ser educador.

Teresa Vasconcelos
Professora Coordenadora da
Escola Superior de Educação de Lisboa

APRESENTAÇÃO

Percorrer trajetos e projetos na educação infantil permitiu-nos revisitar nossas práticas pedagógicas como alunas e como professoras, conciliando nossas vidas pessoais e profissionais. Não caminhamos somente na direção do trabalho e não nos desvencilhamos de nossas marcas como pessoas. O texto que apresentamos neste livro tem a cumplicidade do que somos e do que fazemos.

Nossas origens como educadoras infantis vêm do trabalho junto às crianças nas salas de aula, passa pela formação de professores e complementa-se nas discussões que podemos realizar com professores das redes públicas e privadas que compartilham suas salas de aula com nossas alunas nas situações de estágio supervisionado. Esta obra, portanto, tem a importante participação das crianças como atores principais, das alunas que formamos e das professoras titulares.

O diálogo entre teoria e prática permeia todo o texto e, nessa dimensão, foi de fundamental importância a parceria de escolas e de professoras que organizam seu trabalho educativo em torno dos projetos de trabalho. Assim sendo, queremos partilhar e difundir os trabalhos realizados no Colégio João XXIII, que tem na etapa infantil a coordenação de Márcia Elisa Valiati e de Hildair Garcia Câmara. Nessa instituição, colhemos preciosos exemplos de como é possível realizar trabalhos de cunho tão profundo com crianças tão pequenas. Queremos agradecer a toda essa comunidade e, em especial, às professoras Renata Martelet, Luciana Fraga Cardoso, Luciane Lara da Rosa, Anete Esteves Sant'Anna e aos pais da Catarina, Mauro e Claudete Glasherter.

Também enriquecemos nosso trabalho com relatos da professora Ana Isabel Lima Ramos, educadora do berçário da Escola Municipal de Porto Alegre Santa Rosa, da professora Monique Zamboni, como estagiária da

Escola Municipal Infantil Ilha da Pintada, e de Carolina Gobbato, estagiária da UFGRS. Muitas ilustrações legitimam o que afirmamos teoricamente e, nesse enfoque, a participação de Mara Debus, diretora da Escola Infantil Moinho, de Porto Alegre, foi significativamente importante.

O livro estrutura-se em dez capítulos. Iniciamos abordando as origens da palavra projeto e como foi sendo construído nos diferentes momentos da história da educação esse modo de organizar o ensino. O próprio título do primeiro capítulo remete-nos a contar uma história: "Era uma vez... trajetos e projetos". O segundo capítulo, intitulado "Por que voltar a falar em projetos", justifica a retomada desse modo de organizar o ensino na perspectiva dos novos paradigmas da ciência, explicitando como se dá a aprendizagem humana e o que significa trabalhar com projetos no contexto atual. No terceiro capítulo, procuramos responder à pergunta que o intitula: "Mas o que é projetar?". Buscamos na etimologia da palavra projeto seu entendimento em uma abordagem pedagógica.

A compreensão de que trabalhar com projetos não se encerra nas paredes de uma sala de aula e de que não se organiza o ensino a partir dessa metodologia sem a devida articulação com uma proposta pedagógica da escola é a abordagem do quarto capítulo: "Projetualidade em diferentes tempos: na escola e na sala de aula".

O quinto e o sexto capítulos adentram nas questões mais estruturais, voltadas ao planejamento propriamente dito, apontando alguns pontos referenciais. Trabalham com a ideia central de que não existe uma estrutura única e fixa na construção de um projeto de trabalho, discutindo diferentes modos de operacionalizá-lo e o papel que desempenham os diversos atores desse processo: educadores, alunos e pais.

O oitavo e o nono capítulos apontam questões cruciais dessa metodologia de trabalho – documentação e avaliação –, demonstrando o quanto é necessário rompermos com as tradicionais práticas usadas para avaliar quando nos propomos a trabalhar com projetos de trabalho.

Finalmente, o décimo capítulo traz uma abordagem do trabalho desenvolvido na região da Reggio Emilia, na Itália, realizando uma breve discussão metodológica e a exemplificação do cotidiano, por meio do relato de um projeto desenvolvido em uma das escolas dessa rede de ensino.

Esperamos que, ao realizarem esta leitura, os leitores possam percorrer e revisitar caminhos que se bifurcam, se alastram e se encontram na busca de uma educação infantil de qualidade!

1

ERA UMA VEZ...
TRAJETOS E PROJETOS

A vida dos seres humanos é constituída por uma constante elaboração e reelaboração de projetos. Temos projetos simples, como realizar uma viagem no final de semana, escrever uma carta, e outros com grande grau de complexidade, como, por exemplo, escolher e aprender uma profissão. Afinal, antecipar é uma das importantes características da nossa espécie.

Para iniciar nossa conversa, seria oportuno remontar às origens da palavra *projeto*, pelo simples fato de que esse vocábulo não é de domínio exclusivo do campo educacional. Observamos o uso dos projetos em diferentes áreas do conhecimento, como a arquitetura, a engenharia, a sociologia. Geralmente, situa-se em Florença, no período do Renascimento, o nascimento dos primeiros esboços de projetos técnicos: de arquitetura, de engenharia mecânica, de urbanismo, isto é, antecipações metódicas que evitavam a tentativa e erro. Leonardo da Vinci pode ser considerado um exímio projetista, pois, antes de realizar seus trabalhos, desenhava os esboços do que resultaria em grandes obras: seus desenhos, suas esculturas, suas telas. Além disso, foram encontrados em seus cadernos projetos de máquinas como helicópteros, bicicleta, armas de fogo, os quais rascunhou sem ter a chance de vê-los implementados.

Em Paris, na época do Iluminismo, emergem as discussões sobre os projetos sociais que procuram utilizar o conhecimento para pensar e imaginar como viver melhor o futuro. Rousseau, em sua obra política e especialmente em sua obra pedagógica, intitulada *Emílio*, realiza um projeto educacional inovador na época de sua publicação, norteando uma visão revolucionária da criança e de sua educação. Considerando que nosso interesse ao escrever este livro é abordar os projetos em seu enfoque educacional, retomemos sua trajetória especificamente nesse campo.[1]

Na passagem do século XIX para o século XX, foi constituído um movimento educacional denominado Escola Nova, que teve um papel muito importante no questionamento aos novos sistemas educacionais que emergiam no mundo ocidental. Ao problematizar a escolarização, fazia uma severa crítica à escola tradicional, bem como às concepções de criança, de aprendizagem e de ensino. Esse movimento uniu educadores de vários pontos da Europa e da América do Norte, estendendo-se também para outros continentes.

As propostas teóricas e metodológicas emanadas da Escola Nova não eram certamente unas em termos de alternativas pedagógicas, mas em todos os lugares onde se constituiu tinha como objetivo a crítica e a construção de uma visão crítica à educação convencional. Segundo Boutinet, "uma das razões que encorajam a pedagogia de projetos vem da necessidade de quebrar o quadro coercitivo dos programas escolares para suscitar certa criatividade" (2002, p.180).

Alguns de seus fundadores e principais representantes foram Ovide Decroly (1871-1932), Maria Montessori (1870-1952) e John Dewey (1859-1952), os quais se agruparam em torno de ideias reformistas.[2] No Brasil, por meio da escrita de um documento denominado *Manifesto dos Pioneiros da Educação* (1932), educadores como Lourenço Filho, Paschoal Lemme, Cecília Meireles e Anísio Teixeira, entre outros, deixando de lado diferenças ideológicas e crenças políticas, agruparam-se em torno de um grande movimento de democratização da educação, uma causa que em seu entendimento beneficiaria as crianças brasileiras.

Em geral, os *escolanovistas* procuraram criar formas de organização do ensino que tivessem características como a globalização dos conhecimentos, o atendimento aos interesses e às necessidades dos alunos, a sua participação no processo de aprendizagem, uma nova didática e a reestruturação da escola e da sala de aula. Nessas experiências, vamos encontrar várias estratégias para a organização do ensino, como os centros de interesses, os projetos e as unidades didáticas.

Ovide Decroly, na Bélgica, criou os centros de interesses, onde os conteúdos são organizados de maneira globalizada, as matérias de ensino são unificadas e todas as atividades escolares são estruturadas em torno de um único tema preestabelecido pelo educador a partir de pesquisa so-

---

[1] O livro *Antropologia do projeto* (2002), de Jean-Pierre Boutinet, realiza um amplo mapeamento sobre o tema nas diferentes áreas do conhecimento.

[2] Sobre a Escola Nova, ver o interessante livro de Lourenço Filho (1929) e de Aguayo (1935).

bre aquilo que considera interesses dos seus alunos. A ênfase no cuidado com o atendimento às necessidades infantis permeia o planejamento docente, o qual cumpre três etapas: observação, associação e expressão, momentos que se sucedem, mas que não preveem "receitas" preestabelecidas.

Podemos apontar o filósofo americano e educador John Dewey e seu seguidor William Kilpatrick[3] como os principais representantes da pedagogia de projetos. De acordo com Aguayo (1935, p.88), essa palavra foi citada no âmbito pedagógico pela primeira vez nos Estados Unidos, em 1908. Por ser pragmatista, Dewey acreditava que o conhecimento só é obtido através da ação, da experiência, pois o pensamento é produto do encontro do indivíduo com o mundo. Nós, seres humanos, somos dotados do desejo de conhecer, de aprender, afinal temos dúvidas e necessidades, o que nos leva constantemente a enfrentar problemas de ordem teórica ou prática, procurando, a partir daí, construir respostas e explicações válidas.

O trabalho com projetos foi utilizado inicialmente na escola experimental da Universidade de Chicago e, posteriormente, expandiu-se na América do Norte. Essa proposta reflete o pensamento de uma escola ativa, onde meninos e meninas aprendem sobretudo ao partilhar diferentes experiências de trabalho em comunidade. O foco é a vida em comunidade e a resolução de problemas emergentes da mesma. Nesse contexto, a sala de aula funciona como uma comunidade em miniatura, preparando seus participantes para a vida adulta. Segundo Dewey (1959, p.53):

> Temos, entretanto, suficientes divergências fundamentais: primeiro, o mundo pequeno e pessoal da criança contra o mundo impessoal da escola, infinitamente extenso, no espaço e no tempo; segundo, a unidade da vida da criança, toda afeição, contra as especializações e divisões do programa; terceiro, a classificação lógica de acordo com um princípio abstrato, contra os laços práticos e emocionais da vida infantil.

A função primordial da escola seria, então, a de auxiliar a criança a compreender o mundo por meio da pesquisa, do debate e da solução de problemas, devendo ocorrer uma constante inter-relação entre as atividades escolares e as necessidades e os interesses das crianças e das comunidades. Citando Dewey (1959, p.47), explicitamos a ideia central dessa pedagogia:

> A existência humana envolve impulsos dispersos para um projeto crescentemente unificado ou integrado; ou melhor, para uma série de proje-

---

[3] Kilpatrick (1964) foi um importante sistematizador do trabalho com projetos e o via como uma atividade extremamente valiosa para a educação, pois era a construção de uma situação pedagógica, intencional, a partir da realidade em que o raciocínio substitui a memorização.

tos coordenados ou ligados entre si por interesses, aspirações e ideais de significados permanentes. Preparar para a vida será pôr a criança em condições de projetar, de procurar meios de realização para seus próprios empreendimentos e de realizá-los verificando pela própria experiência o valor das concepções que esteja utilizando.

Quatro passos eram considerados norteadores da planificação de um projeto: decidir o propósito do projeto, realizar um plano de trabalho para sua resolução, executar o plano projetado e julgar o trabalho realizado.

Dewey afirmava que "projetar e realizar é viver em liberdade" e levantava como princípios fundamentais para a elaboração de projetos na escola:

a) princípio da intenção – toda ação, para ser significativa, precisa ser compreendida e desejada pelos sujeitos, deve ter um significado vital, isto é, deve corresponder a um fim, ser intencional, proposital;

b) princípio da situação-problema – o pensamento surge de uma situação problemática que exige analisar a dificuldade, formular soluções e estabelecer conexões, constituindo um ato de pensamento completo;

c) princípio da ação – a aprendizagem é realizada singularmente e implica a razão, a emoção e a sensibilidade, propondo transformações no perceber, sentir, agir, pensar;

d) princípio da real experiência anterior – as experiências passadas formam a base na qual se assentam as novas;[4]

e) princípio da investigação científica – a ciência se constrói a partir da pesquisa, e a aprendizagem escolar também deve ser assim;

f) princípio da integração – apesar de a diferenciação ser uma constante nos projetos, é preciso partir de situações fragmentadas e construir relações, explicitar generalizações;

g) princípio da prova final – verificar se, ao final do projeto, houve aprendizagem e se algo se modificou;

h) princípio da eficácia social – a escola deve oportunizar experiências de aprendizagem que fortaleçam o comportamento solidário e democrático.

No início do século XX, houve várias tentativas de implementação dos projetos nas escolas americanas, mas foram encontrados dois grandes

---

[4] É interessante verificar como o tema da aprendizagem que é construída a partir das experiências anteriores está presente tanto na obra de Paulo Freire quanto na de Jean Piaget.

entraves. Em primeiro lugar, o fato de a concepção tradicional do programa escolar ser uma lista interminável de conteúdos obrigatórios, fragmentados, previamente definidos, uniformes e autoritariamente cobrados. Em segundo lugar, a necessidade de prever o período de duração dos projetos antes mesmo de sua execução, isto é, um controle sobre o tempo.[5] A tentativa de superar tais dificuldades acabou gerando um novo modo de organizar o ensino, as chamadas unidades de ensino, bastante divulgadas na educação brasileira, principalmente nos cursos normais e nos livros didáticos. A consequência mais nefasta disso foi o fato de que elementos importantes da pedagogia de projetos foram esquecidos e interpretados equivocadamente. De acordo com Lourenço Filho (1929), a proposta pedagógica de trabalho através de projetos transformou-se em uma unidade didática, controlando temas e tempos de realização, dando maior poder aos adultos na organização e na proposição das atividades.

Nos tempos atuais, podemos agregar ainda como proposta de organização de ensino os temas geradores, oriundos do referencial teórico de Paulo Freire (1967). Nessa abordagem, os conteúdos, as habilidades e as atividades dos educandos giram em torno de temas que têm relação com a realidade socioeconômica e cultural em que se insere o indivíduo.

Historicamente, os projetos foram construídos com o intuito de inovar e de quebrar o marasmo da escola tradicional. Seus criadores tinham a convicção de pioneiros, isto é, o compromisso com a transformação da realidade, o desejo e a coragem de assumir o risco de inovar e a convicção de que era preciso criar uma nova postura profissional.

Se estabelecemos um paralelo entre esses modos de organizar o ensino, podemos afirmar que existem entre eles pontos em comum, mas também diferenças. O Quadro 1.1 resume as diferenças mais significativas entre as unidades de trabalho, os temas geradores, os centros de interesse e os projetos de trabalho.

Hoje voltamos a falar de projetos, porém não da mesma forma que a Escola Nova o fez. É necessário dar-lhes "uma nova versão", na qual estejam incluídos o contexto sócio-histórico, e não apenas o ambiente imediato, o conhecimento das características dos grupos de alunos envolvidos, a atenção à diversidade e o enfoque em temáticas contemporâneas e pertinentes à vida das crianças. Por que motivo se volta, quase cem anos depois, a falar em estruturar o ensino através de projetos e justamente na educação infantil? Este é foco da discussão do próximo capítulo.

---

[5] É impressionante como a centralidade em um currículo fixo e normatizado e a ausência de tempo para realizar os projetos ainda são argumentos utilizados ate hoje para rejeitar a viabilidade de um ensino com base em projetos.

QUADRO 1.1
Comparação com base em Hernández e Ventura (1998)

Tópicos	Tema gerador	Unidade didática	Centros de interesses	Projetos
Aprendizagem	Através do diálogo e das trocas sociais.	Por meio da assimilação, em uma sequência linear e repetitiva de etapas.	Por meio da descoberta.	Por meio de relações significativas.
Temas	Temas coletados na realidade dos educandos.	Temas previamente definidos, extraídos da listagem de conteúdos.	Temas coletados da média das necessidades e dos interesses observados nas crianças.	Temas diversos, que envolvam a resolução de problemas, dificuldades, necessidades.
Decisão sobre os temas	Significação social para o grupo.	Definição pelo educador ou pelo sistema.	Temas previamente selecionados pelo professor, de acordo com o que foi observado como necessidade das crianças.	Argumentação, debates, indicação do grupo, temas de interesse coletivo.
Função do educador	Animador, companheiro.	Transmissor de conhecimentos.	Propositor das etapas previamente planejadas.	Pesquisador, intérprete, organizador.
Globalização	Inter-relação entre macro e microestruturas.	Somatório de disciplinas.	Integração de disciplinas.	Relação entre conhecimentos e transdisciplinariedade.
Modelo curricular	Temas geradores.	Disciplinas ou áreas do conhecimento.	Conteúdos relacionados principalmente à área das ciências ou de estudos sociais.	Temas, problemas, ideias-chave.

(Continua)

Projetos pedagógicos na educação infantil **21**

QUADRO 1.1
(continuação)

Tópicos	Tema gerador	Unidade didática	Centros de interesses	Projetos
Papel dos alunos	Sujeito da sua aprendizagem e da sua história.	Ouvinte, executor de tarefas.	Executor de tarefas.	Coparticipe, planejador.
Estrutura didática	Vivência e pesquisa, seleção de temas, problematização através do diálogo, da conscientização e da ação social.	Motivação, desenvolvimento progressivo e sequencial, culminância.	Observação associação e expressão.	Atividade de pesquisa, escolha e formulação de problemas, arrolamento dos dados. Construção de hipóteses, experimentação, avaliação e comunicação.
Avaliação	Mudanças na vida dos sujeitos.	Memorização e repetição.	Centralização nos conteúdos.	Centralização nas relações, nos conceitos e nos procedimentos.

2

POR QUE VOLTAR
A FALAR EM PROJETOS?

Como vimos no capítulo anterior, o ideário acerca do trabalho pedagógico sob a forma de projetos não é recente na história da educação. Poderíamos então começar este capítulo refletindo sobre quais seriam os motivos pelos quais essa forma de organizar o ensino voltou ao cenário educacional contemporâneo.

Em primeiro lugar, é preciso lembrar que grande parte das ideias pedagógicas desenvolvidas no início do século XX estiveram restritas a algumas experiências alternativas, ao trabalho de uma única escola ou ao de um grupo de professores,[1] isto é, tiveram dificuldade para inserir-se nos sistemas educacionais nacionais. O silenciamento desses ideais pedagógicos, em sua diversidade, foi efetivado porque eles tinham como objetivo a construção de um outro sujeito social e epistêmico. Além disso, seus objetivos políticos e sociais não eram compatíveis com os sistemas sociais e econômicos. O uso descontextualizado de técnicas foi realizado, mas a escola continuou executando ao longo do século XX um ensino que foi pensado no século XIX.

Em segundo lugar, podemos pensar no que tem sido denominada como a "crise da escola", isto é, ao fato de grande parte da população ter tido acesso à escolaridade ao longo do século, porém essa frequência não

---

[1] Talvez as ideias pedagógicas de Celestin Freinet tenham sido aquelas que alcançaram maior amplitude, mas de qualquer forma não representam o que acontece em grande parte das escolas. Para conhecer outras experiências pedagógicas do século XX, indicamos a leitura do livro *Pedagogias do século XX* (Montessori et al., 2003).

ter garantido a aprendizagem.[2] Há ausência de sentido em frequentar uma instituição com características do início da modernidade em tempos pósmodernos.

Em terceiro lugar, é importante considerar que a dinâmica da vida das sociedades contemporâneas pressupõe um outro modo de educar as novas gerações e que as novas características da infância e da juventude não têm sido consideradas nos modos de pensar e de realizar a educação escolar. Com isso, aponta-se para uma urgente necessidade de modificação da estruturação e organização da vida escolar, com o intuito de construir significados para as aprendizagens e para a experiência dos alunos. Apresentamos a seguir algumas ideias que revigoram a pedagogia de projetos.

OS NOVOS PARADIGMAS DA CIÊNCIA

Se a ciência e a tecnologia no século XIX e início do século XX tiveram um extraordinário desenvolvimento no caminho da especialização, o século atual inicia questionando a compartimentalização dos saberes e apontando a passagem de um paradigma disciplinar para um interdisciplinar ou transdisciplinar ou, como afirmaria Edgar Morin (2000), para a religação dos saberes. Para resolver os complexos problemas que a humanidade construiu, como a pobreza, as epidemias, o terrorismo, o aquecimento global, é preciso que, cada vez mais, as disciplinas entrem em conexão, compartilhem os seus conhecimentos, estabeleçam confrontos e abram suas fronteiras em função da compreensão e da tomada de decisões.

Assim, introduzir na escola de educação infantil um currículo apenas disciplinar, ou somente continuar mantendo-o, é seguir na contramão da construção do conhecimento científico que neste momento realiza uma relação sistêmica. Outra importante conquista da ciência foi a de questionar a sua relação com a verdade: hoje dificilmente podemos conviver com a verdade única, com as certezas prévias, com os fundamentalismos. Passou-se de uma ideia de *verdade única* – inicialmente religiosa e depois científica – para o convívio com as incertezas, com as diferentes interpretações, com o caráter problemático e não definitivo da ciência. Conhecer é estabelecer um diálogo com a incerteza. É imprescindível refutarmos as simplificações, pois o conhecimento está cada vez mais emaranhado, e

---

[2] Poderíamos falar do fracasso escolar no Brasil, através dos nossos 14 milhões de analfabetos (Unesco, 2005) ou então dos iletrados franceses, ingleses, americanos que, apesar de terem frequentado o ensino obrigatório, não conseguem utilizar a leitura e a escrita em seu cotidiano.

todas as situações complexas incluem um percentual de erro. A verdade, portanto, não é absoluta, ela é construída e histórica. Tomar de empréstimo essas noções da ciência pode ajudar a pensar a escola como espaço privilegiado nas sociedades contemporâneas para a aquisição e a problematização do conhecimento.

A APRENDIZAGEM HUMANA

Os processos de aprendizagem humana vêm sendo estudados em especial pela área da psicologia da aprendizagem. As interpretações iniciais, sobretudo no século XIX, sobre a aprendizagem tinham como paradigma a biologia, que indicava uma visão maturacional, isto é, uma ideia de que a herança genética era o elemento primordial para a aprendizagem e de que as novas aquisições comportamentais e cognitivas emergiriam das alterações na maturação das estruturas físicas e dos processos fisiológicos do organismo.

No século XX, predominou uma perspectiva ambiental da aprendizagem, baseada no modelo skinneriano ou no pavloviano, segundo a qual se argumentava que, por mais que a biologia contribuísse no desenvolvimento dos sujeitos, era da adaptação ao ambiente que emergiriam os novos procedimentos. Nessa perspectiva, os organismos tenderiam a repetir os comportamentos que conduziam a recompensas e a abandonar comportamentos que deixassem de conduzir a tais recompensas ou que levassem à punição, o que aumentaria a possibilidade de repetição de um comportamento ser o reforço positivo nas aprendizagens.

No final do século XIX, tanto o pragmatismo de W. James e C.S. Peirce quanto as posições construtivistas vão dar ênfase à ação, isto é, às relações entre os sujeitos e o ambiente. Na psicologia desenvolvida por Jean Piaget, os esquemas seriam as estruturas mentais que se transformam através da adaptação – assimilação e acomodação –, sendo a equilibração o processo de busca e de ajuste entre os esquemas existentes e as novas experiências ambientais. O socioconstrutivismo, representado pelas ideias de H. Wallon e de Vygostky, aponta para a superação da polarização entre o inato e o ambiental, afirmando que o conhecimento é construído socialmente, a partir das possibilidades de interações entre os sujeitos e o ambiente físico e social onde estão inseridos. Não só a escola, mas todo o ambiente ensina – e aprender significa criar a cultura.

Compartilhando a perspectiva construtivista, os teóricos culturalistas, representados por Michael Cole, Bárbara Rogoff e Jerome Bruner, vão afirmar que o desenvolvimento ocorre pela ação dos indivíduos sobre o ambiente, salientando ainda que a biologia e a experiência desempenham papéis iguais e recíprocos no desenvolvimento do ser humano. Porém, os culturalistas agregam a importância da contribuição ativa de outras pessoas da comunidade para a construção dos conhecimentos das novas gerações. As habilidades de desenvolvimento das crianças são vistas como ligadas ao conteúdo e à estrutura das atividades de que elas participam juntamente com os adultos dentro de uma cultura. Os princípios estruturais específicos de um domínio requerem ambientes adequados, culturalmente organizados, para poderem emergir e desenvolver-se. Assim, a aprendizagem somente acontece quando se vive em um contexto organizado para a sua emergência. Os "projetos de vida" e a história do grupo social mais amplo, acumulados ao longo do tempo, constituem-se em elementos importantes no desenvolvimento individual dos seres humanos.

Essa visão propicia a passagem de uma perspectiva da aprendizagem individual e racional para uma perspectiva social e multidimensional. Destaca-se a concepção de que os processos de aprendizagem são racionais, sensoriais, práticos, emocionais e sociais ao mesmo tempo, isto é, todas as dimensões da vida – a emoção, a cognição, a corporeidade – estão em ação quando se aprende. Portanto, as práticas educativas devem levar em conta os vários aspectos humanos quando o objetivo é auxiliar aos alunos a interpretar e compreender o mundo que os circunda e a si mesmos. Nesse sentido, para provocar aprendizagens, é preciso fazer conexões e relações entre sentimentos, ideias, palavras, gestos e ações.

A aprendizagem não pode mais ser vista simplesmente como a transmissão ou a reprodução de conhecimentos, conforme Rinaldi (1994, p.13):

> (...) mas configura acima de tudo, como um processo de construção da razão, dos porquês, dos significados, do sentido das coisas, dos outros, da natureza, de realização, da realidade, da vida. É um processo de auto e socioconstrução, um ato de verdadeira e própria coconstrução.

A aprendizagem somente será significativa se houver a elaboração de sentido e se essa atividade acontecer em um contexto histórico e cultural, pois é na vida social que os sujeitos adquirem marcos de referência para interpretar as experiências e aprender a negociar os significados de modo congruente com as demandas da cultura. A presença do outro, adultos ou pares, e a coerência de interações com conflitos, debates, construções coletivas são fonte privilegiada de aprendizagem.

Como afirma Jerome Bruner, seguindo as ideias de L.S. Vygotsky, a cultura dá forma à mente, já que ela nos oferece uma caixa de ferramentas por meio da qual construímos não só os nossos mundos, como também nossas concepções de nós mesmos e de nossos poderes. Aprender depende da capacidade de desenvolver e usar ferramentas, instrumentos, tecnologias

Projetos pedagógicos na educação infantil **27**

que dão a possibilidade de alargar esses poderes. Segundo Hernández (2004, p.50):

> Aprender está relacionado com a elaboração de uma conversação cultural, em que se trata, sobretudo, de aprender a dar sentido, conectando com as perguntas que deram origem aos problemas que abordamos e com as perguntas que os sujeitos se fazem a si mesmos e o mundo, para poder, *a posteriori*, transferir esse sentido a outras situações.

O cérebro humano é um sistema aberto e fortemente plástico, e cada vez mais está afirmada a ideia de que a inteligência é o processo de estabelecer inter-relações entre as estruturas cerebrais. Quer dizer, a inteligência não é algo que acompanha o envelhecimento, tornando mais inteligente aquele que está mais velho ou preestabelecido ao nascer. A inteligência vai sendo formada à medida que o sujeito se vê frente a situações desafiadoras, enfrentando problemas – reais ou abstratos – que se constituem na dinâmica cotidiana das relações dos indivíduos com o meio.

Também são cada vez mais visíveis as ideias de que novas conexões, chamadas sinapses, entre grupos de neurônios diferentes acontecem sempre que é necessário garantir uma melhor qualidade de vida aos organismos. É evidente que essas sinapses constroem-se em função da qualidade das experiências de vida. Portanto, quanto mais esse processo for rico e significativo, mais sinapses se construirão. Desse modo, as conexões cerebrais ampliam-se e formam uma imensa e complexa rede de caminhos neurais, sendo que cada neurônio pode ser conectado a até 15 mil outros (Shore, 2000).

Richard Gregory (1996), ao analisar diferentes tipos de inteligência, diz que podemos encontrar dois tipos: a do conhecimento armazenado (potencial) e a do processo e da resolução de problemas (cinética). A escola moderna sempre trabalhou apenas com o desenvolvimento da inteligência potencial, aquela que está ligada à memória, ao conhecimento que precisa estar nos cérebros, nos espíritos, mas que já está registrada em livros e ferramentas.[3] O ensino está assentado na capacidade de receber passivamente informações, processar e produzir respostas.

No entanto, também é preciso destacar a inteligência do processo, do movimento e da criação. Assim, ao longo do século XX, acrescentou-se a capacidade de "escolher as situações problemáticas que interessam e de escolher as metas em busca das quais iremos nos lançar, em outras pala-

---

[3] Ferramentas biológicas, como mãos e olhos, e ferramentas criadas pela inteligência humana, que por meio da ciência e da tecnologia expandiu as possibilidades humanas.

vras, pela capacidade de projetar" (Machado, 2000, p.18). A formação humana tem compromisso com o desenvolvimento de ambas, e talvez tenhamos de pensar se na educação das crianças pequenas a prioridade de uma sobre a outra está realmente adequada.

A INFÂNCIA NA SOCIEDADE CONTEMPORÂNEA

A sociedade contemporânea globalizada está organizada em rede, constituindo-se em um sistema aberto, capaz de expandir-se de maneira ilimitada e integrando novos nós que permitem a comunicação dentro dessa malha, ou seja, formam-se elos que compartilham os mesmos códigos de comunicação. Para poder participar dessa rede, é preciso que os atores apropriem-se desses códigos e é nesse espaço, na oferta de diferentes linguagens simbólicas, que reside o importante papel da instituição educacional na sociedade contemporânea, a qual, assim constituída, precisa de novos tipos de agentes.

Assim, a escola deve sair da sua função de transmissora de conhecimentos a serem acumulados para assumir a capacidade de atuar e organizar os conhecimentos em função das questões que se levantem.

As diversas mudanças ocorridas nos últimos 50 anos levam-nos a observar grandes transformações nos modos como as crianças vivem as suas infâncias, sendo estas entendidas como construções socioculturais que diferem profundamente a partir do modo como as crianças se inserem no mundo.

Passou-se de uma concepção segundo a qual as crianças eram vistas como seres em falta, incompletos, apenas a serem protegidos, para uma concepção das crianças como protagonistas do seu desenvolvimento, realizado por meio de uma interlocução ativa com seus pares, com os adultos que as rodeiam, com o ambiente no qual estão inseridas. As crianças são capazes de criar teorias, interpretações, perguntas, e são coprotagonistas na construção dos processos de conhecimento. Quando se propicia na educação infantil a aprendizagem de diferentes linguagens simbólicas, possibilita-se às crianças colocar em ação conjunta e multifacetada esquemas cognitivos, afetivos, sociais, estéticos e motores.

A pedagogia, durante todo o século XX, foi constituída por discursos e práticas que procuravam, a partir de uma avaliação do fracasso das escolas, propor novos meios de organização do trabalho pedagógico, tendo em vista a inclusão e a aprendizagem de todos. Essas propostas ficaram, muitas vezes, marginalizadas aos grandes sistemas de ensinos. Porém, na atualidade, aquilo que poderiam ser considerados fatores pouco relevantes vem demonstrando a sua potência para repensar a escola. A indagação que emerge a partir dessas constatações remete-nos a pensar como a pedagogia, entendida como uma ciência da prática, pode modificar-se para estar em sintonia com este momento da contemporaneidade.

As ideias de uma pedagogia diferenciada começam a ganhar espaço principalmente a partir da década de 1960, pois a homogeneidade da escola tem excluído muitas crianças do processo de ensino-aprendizagem. Começam a ser valorizadas as diferenças no modo como são selecionados os conhecimentos, a consideração pelas riquezas de experiências socioculturais, as diferenças subjetivas das crianças e suas histórias de vida. Uma das formas de dar conta dessas pedagogias diferenciadas e também da apropriação pela criança das diferentes linguagens é a pedagogia de projetos. Atualmente, vemos circulando nas diferentes publicações diversas abordagens sobre esse modo de organizar a aprendizagem e o ensino.

Silva (2003), ao analisar linhas de trabalho sobre projetos, organiza uma classificação que pode ajudar-nos a compreender como a partir de algumas ideias, presentes no início do século XX, foram desenvolvidas por vários autores e resultaram em significativas experiências pedagógicas. Acreditamos que essa categorização é didaticamente importante para podermos discernir princípios políticos e pedagógicos que são diferenciados, mas que também apresentam muitos momentos de confluência. Assim, não há uma única forma de trabalharmos com projetos, mas várias, e ainda podem ser criadas nas instituições educativas muitas outras, na medida em que trabalhar com projetos na universidade, ou na escola de 0 a 3 anos, ou no ensino médio, exige adaptações e transformações que, não ferindo os princípios básicos, podem contemplar essa diversidade.

Projetos como sistemas complexos
A abordagem de Reggio Emilia
A abordagem de Helm e Katz

O trabalho de projetos e vida cooperativa
A perspectiva de Celestin Freinet
A perspectiva de Josette Jolibert
A Escola Moderna Portuguesa

Projetos de trabalho
A perspectiva de High Scope
A perspectiva de Howard Gardner
A perspectiva de Fernando Hernández

Acreditamos que essa categorização é importante não só para podermos discernir princípios políticos e pedagógicos diferenciados, mas também para compreender seus pontos de confluência.[4]

Compreender etimológica e pedagogicamente o que é projetar torna-se fundamental para construirmos nossos próprios caminhos nessa trajetória. No próximo capítulo, damos início a essa discussão.

---

[4] Para aprofundar a análise sobre os diferentes modos de abordar a pedagogia de projetos, indicamos especialmente os seguintes livros: *As cem linguagens da criança* (Edwards et al., 1999), *O poder dos projetos* (Helm e Beneke, 2005), *Pedagogias do século XX* (Montessori et al., 2003), *A organização do currículo por projetos de trabalho* (Hernández e Ventura, 1998), *Formando crianças leitoras* e *Formando crianças produtoras de textos* (Jolibert et al., 1994).

3

MAS O QUE É PROJETAR?

Conforme o Dicionário Aurélio (1995), a palavra projeto significa *atirar longe, arremessar, planejar*, isto é, pensar e/ou fazer uma ação direcionada para o futuro. É um plano de trabalho, ordenado e particularizado para seguir uma ideia ou um propósito, mesmo que vagos. Um projeto é um plano com características e possibilidades de concretização. Um plano de ação intencionado que potencializa a capacidade de avaliar o futuro a quem o propõe ou o vive; que, por antecipar-se na consciência e ter como base o passado e o presente, oferece uma consequente capacidade metodológica para a escolha dos meios necessários para a concreta realização do plano. Um projeto pode ser esboçado por meio de diferentes representações, como cálculos, desenhos, textos, esquemas e esboços que definam o percurso a ser utilizado para a execução de uma ideia.

Um projeto é uma abertura para possibilidades amplas de encaminhamento e de resolução, envolvendo uma vasta gama de variáveis, de percursos imprevisíveis, imaginativos, criativos, ativos e inteligentes, acompanhados de uma grande flexibilidade de organização. Os projetos permitem criar, sob forma de autoria singular ou de grupo, um modo próprio para abordar ou construir uma questão e respondê-la. A proposta de trabalho com projetos possibilita momentos de autonomia e de dependência do grupo; momentos de cooperação do grupo sob uma autoridade mais experiente e também de liberdade; momentos de individualidade e de sociabilidade; momentos de interesse e de esforço; momentos de jogo e de trabalho como fatores que expressam a complexidade do fato educativo. Machado (1999) afirma que projetar é um dos traços mais característicos da espécie humana, pois a vida é um projeto em permanente atualização:

Segundo o autor os sonhos, as ilusões e as utopias são essenciais para alimentar a imaginação quando se pensa na elaboração de projetos, mas é o caráter operatório dos projetos que os distingue das utopias.

Em seu livro *Das coisas nascem coisas*, Bruno Munari (1998) trabalha com projetos no âmbito do *design*. Para o autor, conhecer ou atuar com a metodologia de projetos é "utilizar uma série de operações necessárias, dispostas em ordem lógica, ditada pela experiência", para poder criar formas que possam melhorar a qualidade de vida dos sujeitos. Operar com os elementos que nos apontam como "se faz para construir ou conhecer as coisas, é um valor liberatório" para todos os seres humanos.

Além disso, aponta que projetamos cotidianamente e que até mesmo os livros de culinária são exemplo de "um livro de metodologia de projetos". Ao longo do seu texto, o autor traça um paralelo entre os projetos em *design* e o projeto de fazer uma refeição para quatro pessoas (ver Quadro 3.1). A questão fundamental, segundo ele, é fazer uma boa constituição, um recorte e uma exposição do problema, pois, apesar de esse recurso especificar e clarear o problema, não resolve por si só a questão. Na verda-

Quadro 3.1
Paralelos entre um projeto de *design* e uma receita culinária

Projeto de *design*	Receita
Problema	Jantar: arroz verde.
Definição do problema	Arroz verde com espinafre para quatro pessoas.
Componentes do problema	Arroz – espinafre – presunto – cebola azeite – sal – pimenta – caldo.
Coleta de dados	Será que alguém já fez isso?
Análise dos dados coletados	Como fez? O que posso copiar?
Criatividade	Como juntar tudo da maneira mais adequada?
Materiais e tecnologia	Que tipo de arroz? Que panela? Que fogo?
Experimentação	Está bom?
Modelo	Está ótimo.
Verificação	Está bom e dá para quatro pessoas.
Desenho de construção	
Ideia	
Solução	Arroz verde servido em prato aquecido.

de, o projeto contém, desde o princípio, os elementos necessários para encaminhar o processo de solução das questões.

Como podemos ver nos dois exemplos dados, o projeto de *design* ou a receita de arroz verde, as estruturas de projetos apresentam alguns pontos que são gerais, podendo ser considerados comuns, e outros que são específicos, estando de acordo com a problemática desenvolvida.

Enfocando nossa discussão no âmbito pedagógico, encontramos no campo educativo uma pedagogia de projetos traçada, em grandes linhas, nos mesmos momentos decisivos, a saber:

- a definição do problema;
- o planejamento do trabalho;
- a coleta, a organização e o registro das informações;
- a avaliação e a comunicação.

Há sempre um momento de decisão inicial e de avaliação final, mas a forma como os momentos são articulados, subdivididos e organizados fica a critério do grupo de alunos e educadores, bem como do tipo de situação educativa. Sintetizando algumas ideias de Robira (1999) e Rinaldi (1994), podemos dizer que os projetos evocam a ideia de um percurso dinâmico, sensível aos ritmos comunicativos, e contêm dentro de si o sentido e o tempo da pergunta, da pesquisa, da criança. Rinaldi (1994) afirma que é preciso formular uma "pedagogia que dê forma às coisas e não que iniba a forma das coisas". O modo como o projeto será desenvolvido está intrinsecamente vinculado ao seu conteúdo.

Não há vida sem desejo, e a conceitualização mental do desejo, sua racionalização, formula-se em termos de projeto. Projetar é, pois, introduzir o inédito; um novo desejo em uma história não é apenas prosseguir é também romper e reorientar o curso das coisas. Segundo Barbier (1994, p.12), "O projeto não é uma simples representação do futuro, do amanhã, do possível, de uma ideia; é o futuro a fazer, um amanhã a concretizar, um possível a transformar em real, uma ideia a transformar em ato".

Ao pensarmos em trabalho com projetos, podemos fazê-lo em diferentes dimensões: os projetos organizados pela escola para serem realizados com as famílias, as crianças e os professores; o projeto político-pedagógico da escola; os projetos organizados pelos professores para serem trabalhados com as crianças e as famílias; e também os projetos propostos pelas próprias crianças. Aqui, privilegiamos os projetos de trabalho que são organizados tendo-se em vista a aprendizagem dos alunos dentro da sala de aula.

Como vimos anteriormente, os projetos são um dos muitos modos de organizar as práticas educativas. Eles indicam uma ação intencional, planejada coletivamente, que tenha alto valor educativo, com uma estratégia concreta e consciente, visando à obtenção de determinado alvo. Através dos projetos de trabalho, pretende-se fazer as crianças pensarem em temas importantes do seu ambiente, refletirem sobre a atualidade e considerarem a vida fora da escola. Eles são elaborados e executados para as crianças aprenderem a estudar, a pesquisar, a procurar informações, a exercer a crítica, a duvidar, a argumentar, a opinar, a pensar, a gerir as aprendizagens, a refletir coletivamente e, o mais importante, são elaborados e executados *com* as crianças e não *para* as crianças.

Projetar é como construir um *puzzle* cujas peças estão dentro da caixa, mas não há na tampa o desenho da figura final. Monta-se, tenta-se, procuram-se aquelas que têm conteúdo ou forma semelhantes e, aos poucos, vai emergindo uma surpreendente figura. Os conteúdos são peças do quebra-cabeça e somente ganham significação quando relacionados em um contexto.

Discutiremos no próximo capítulo a construção de projetos de trabalho em diferentes dimensões: na escola e na sala de aula.

4

PROJETUALIDADE EM DIFERENTES TEMPOS: NA ESCOLA E NA SALA DE AULA

Trabalhar com projetos não significa apenas ter uma sala dinâmica e ativa, pois muitas vezes essas atividades são apenas formas de hiperestimulação, em que, como diz Tonucci (1986), "as crianças produzirão muito, mas de maneira estéril". Os resultados são vários e vistosos, porém os processos são pobres, parciais, fragmentados e duram apenas o tempo da realização. Com frequência, essas atividades são repetitivas e o processo parece um carrossel, em que se faz muito, um trabalho atrás do outro, sem sentido definido.

Para haver aprendizagem, é preciso organizar um currículo que seja significativo para as crianças e também para os professores. Um currículo não pode ser a repetição contínua de conteúdos, como uma ladainha que se repete infindavelmente no mesmo ritmo, no mesmo tom, não importando quem ouça, quem observe ou o que se aprende. Afinal, sabe-se que o conhecimento não é verdade imutável, mas algo transitório, inacabado, imperfeito e em contínua pesquisa. Os projetos abrem para a possibilidade de aprender os diferentes conhecimentos construídos na história da humanidade de modo relacional e não linear, propiciando às crianças aprender através de múltiplas linguagens, ao mesmo tempo em que lhes proporcionam a reconstrução do que já foi aprendido.

As disciplinas, seus conteúdos fundamentais e suas subdivisões são os conteúdos da matéria que os professores devem dominar, mas isso não é o programa de trabalho dos alunos em sala de aula. Não é possível ensinar regras gramaticais subdivididas em temas para cada mês do ano – março: separação de sílabas, abril: pontuação –, pois ao produzir os textos é que surgem as dúvidas de uso funcional da linguagem que podem, nesse momento em que há significação, ser estudadas e que devem ser retomadas em todas as séries sempre que necessário. Não pode haver um "já foi ensinado e ponto final", já que em um grupo as aprendizagens não acontecem de uma única vez e nem para todos do mesmo modo. Segundo Dewey (1959, p.80), "O principal mérito, o valor do programa e das matérias é para o professor e não para o aluno. Eles estão aí para mostrar os caminhos...".

Portanto, o professor precisa aprofundar-se no conhecimento da sua matéria, precisa saber a história do seu campo de conhecimentos, seus questionamentos atuais, suas fragilidades, refinar os conhecimentos que tem sobre a estrutura da sua disciplina, atualizar os seus estudos, pois, quanto mais ele sabe, mais ele pode ensinar aos seus alunos uma postura de pesquisador quanto ao conteúdo que estuda.

Ao refletir sobre as programações escolares, vemos que os objetivos para as áreas de conhecimento são cada vez mais gerais. Por exemplo, em língua materna, o que importa é formar um leitor e um produtor de textos competente, mas quais conteúdos e como o ensino será desenvolvido somente será possível de saber acompanhando-se o longo percurso definido por cada grupo. Todos os atores do processo de aprendizagem precisam estar envolvidos. É claro que o envolvimento do professor será diferente do modo como as crianças participam, mas é preciso que todos estejam com seus corpos e suas mentes envolvidos com a questão, o tema ou o problema colocado para estudo.

Pensamos que, para redimensionar a concepção de currículo, uma das questões fundamentais é passar da ideia de *programa escolar*, como uma lista interminável de conteúdos fragmentados, obrigatórios e uniformes em que cada disciplina constitui-se como um amontoado de informações especializadas que são servidas nas escolas, dia a dia, hora após hora, em pequenas doses, para aquela de *programação*, em que o currículo se constrói através de um percurso educativo orientado, porém sem ser fechado ou pré-definido em sua integralidade. De acordo com Morin (2000), a escola ainda hoje:

> (...) ensina a isolar os objetos (de seu meio ambiente), a separar as disciplinas (em vez de reconhecer suas correlações), a dissociar os problemas, em vez de reunir e integrar. Obrigam-nos a reduzir o complexo ao simples, isto é, a separar o que está ligado; a decompor, e não a recompor; a eliminar tudo o que causa desordens ou contradições em nosso entendimento.

Construir um currículo a partir de pistas do cotidiano e de uma visão articulada de conhecimento e sociedade é fundamental. O currículo não pode ser definido previamente, precisando emergir e ser elaborado em ação, na relação entre o novo e a tradição.

É necessário que se encontrem interrogações nos percursos que as crianças fazem. Para tanto, é fundamental "emergi-las" em experiências e vivências complexas que justamente instiguem sua curiosidade. Nessas situações, é importante ressignificar as diferentes formas de interpretar, representar e simbolizar tais vivências, por meio do desenho, da expressão corporal, do contato com diferentes matérias.

Figura 4.1
Onde está o mundo?
Fonte: Tonucci, 1997, p. 35.

Sabemos que muitos dos conhecimentos que atualmente são trabalhados nas escolas de educação infantil derivam-se de uma longa tradição que repete aquilo que vem sendo convencionalmente denominado de "interesse" das crianças de 0 a 6 anos. Desde Decroly até hoje, afirma-se que todas as crianças dessa faixa etária gostam de plantas e de animais, todas as crianças querem aprender sobre meios de transporte, todas as crianças adoram festejar efemérides e assim por diante. É lógico que elas se interessam pelo mundo que está a sua volta e que querem compreendê-lo; porém, estudar, criar significado, compreender, estabelecer relações, imaginar cenas, personagens e narrativas a partir de uma vivência é um trabalho contextualizado no tempo e no espaço.

Não é possível continuar simplificando situações nas quais "a magia da onça-pintada e o estupor pelo tigre dente de sabre" são transformados nas classificações de animais domésticos e selvagens, reais e imaginários, ou nas quais o meio ambiente é definido como reino animal, vegetal e mineral. Ainda constatamos outras simplificações não científicas e empobrecedoras do mundo para as crianças, as quais partem do pressuposto de que, apenas porque elas são pequenas, não merecem atenção ou a ampliação de horizontes e aprendizagens complexas. Edgar Morin, em seu livro *A cabeça bem-feita* (2000), citando T.S. Elliot, pergunta-se: "Onde está o conhecimento que perdemos na informação?". Vivemos em uma sociedade da informação – e abundante! –, mas o conhecimento só é conhecimento quando está organizado, relacionado com as informações e inserido no contexto destas.

Para construir uma programação curricular flexível, é preciso, em primeiro lugar, redefinir e construir, de forma sintética e clara, os objetivos que temos para a educação das crianças pequenas e os conhecimentos que consideramos essenciais para a sua inserção no mundo. Muitas vezes, as propostas pedagógicas e as programações curriculares são enormes, extremamente detalhadas e contêm minúcias dos conteúdos a serem desenvolvidos. Porém, quando perguntamos quem a escreveu e o que consta naquela proposta pedagógica, os professores não têm a menor noção, pois foi feita apenas para constar na documentação legal da escola.

Tudo o que fica daquele instrumento é uma listagem de conteúdos "ditos" adequados à faixa etária. Essa listagem foi definida arbitrariamente a partir de uma visão ideal do que seria uma criança de 3 anos e da divisão dos conhecimentos em áreas, o que faz com que se determine conteúdos específicos para essa turma, como, por exemplo, reconhecer o nome dos numerais de zero a dez ou, ainda, identificar a primeira letra de seu nome.

Outro grave problema que afeta a educação infantil é o do calendário de festividades. Alguns meses do ano, as crianças ficam continuamente expostas àquilo que poderíamos chamar da indústria das festas. Elas se tornam objetos de práticas pedagógicas sem o menor significado, que se repetem todos os anos da sua vida na educação infantil, como episódios soltos no ar. Os conhecimentos sobre os conteúdos das festividades são fragmentados e, muitas vezes, simplórios.

Em setembro, exércitos marcham ao nosso redor com chapéus de papel; na Páscoa, orelhas de "coelhos" enfeitadas com algodão enfeitam as cabeças das crianças; em abril, é frequente encontrarmos muitos índios saindo das escolas pintados com três riscos na bochecha (azul, vermelho e amarelo) e com uma pena na cabeça. Será esta uma maneira respeitosa de se trabalhar com as nações indígenas brasileiras, pasteurizando-as, americanizando-as? Os primeiros habitantes do território brasileiro têm uma

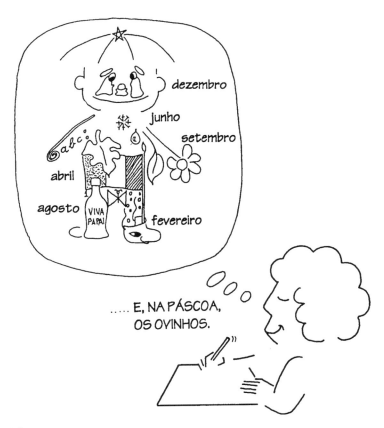

Figura 4.2
O Programa.
Fonte: Tonucci, 1997, p. 143.

cultura que se traduz em um modo de viver, cantar, alimentar-se, contar histórias, constituindo um imaginário mítico que tem grande significado para nós e com o qual podemos aprender muito, pois é extremamente rico. As escolas desrespeitam tanto os indígenas quanto as crianças com essas caricaturas. Por que isso acontece?

Muitas escolas também estão permanentemente querendo agradar aos pais e entram nesse "barco" da sociedade de consumo: é preciso comemorar o dia do amigo, da família, das avós, das mães, dos pais, do coelho e do Papai Noel... É claro que manter tradições culturais, cívicas e/ou religiosas é algo fundamental para as crianças pequenas e precisa constar no currículo, mas o importante é a construção do sentido (real ou imaginário) dessas práticas e não apenas a comemoração. Portanto, menos datas, mais significação. É possível afirmar que, para o desenvolvimento de um projeto, o que se faz é uma opção pelo aprofundamento dos conhecimentos e não pela extensão dos mesmos.

Infelizmente, a formação dos professores ainda é precária no que diz respeito aos conhecimentos específicos que eles precisarão trabalhar com as crianças de educação infantil. Nos cursos de formação de professores, dificilmente os docentes têm experiência na educação infantil ou em pesquisas que relacionem a sua área de conhecimento e a infância. Os currículos privilegiam as disciplinas de fundamentos e as metodologias de ensino, que dificilmente agregam uma revisão dos conhecimentos curriculares que podem (ou devem) ser trabalhados mais do que aquilo que vai ser estudado. Assim, em sua prática, os professores ensinam o que há de senso comum, com conhecimentos simplórios, muitas vezes aqueles que adquiriram em sua própria infância, isto é, conhecimento desatualizado, fragmentado e óbvio. O sentimento comumente encontrado é o de que, para trabalharmos com os pequenos, basta saber um pouco acerca das diferentes áreas do conhecimento. No entanto, a relação é justamente contrária: para prevermos situações ricas e contextualizadas para as crianças, é preciso saber muito sobre os temas enfocados.

A organização do trabalho pedagógico por meio de projetos precisa partir de uma situação, de um problema real, de uma interrogação, de uma questão que afete ao grupo tanto do ponto de vista socioemocional quanto cognitivo. Os projetos propõem uma aproximação global dos fenômenos a partir do problema e não da interpretação teórica já sistematizada através das disciplinas. Ao aproximar-se do objeto de investigação, várias perguntas podem ser feitas e, para respondê-las, serão necessárias as áreas de conhecimento ou as disciplinas.

Observamos, porém, que há uma inversão nessa ordem. Sabemos que o conhecimento não é linear – ele existe sob a forma de rede com múlti-

Projetos pedagógicos na educação infantil **41**

plas relações e inter-relações – e que as divisões, hierarquias e sequências foram organizadas no processo de especialização das ciências e de simplificação feito pela escola a partir dos conhecimentos científicos. Quanto maior for o conhecimento do professor acerca do tema ou problema, maior será a profundidade e a dimensão do projeto. Esse conhecimento não precisa ser prévio, podendo ser construído ao longo do projeto, junto com as crianças, por meio de pesquisas, estudos, discussões e assessoria de colegas.

Acreditamos que é preciso alertar que há dois tipos de conhecimentos funcionando em um projeto: o conhecimento do professor, que deve possibilitar compreender as crianças com as quais trabalha, conhecer os temas importantes para a infância contemporânea, e também o conhecimento dos conteúdos das disciplinas. O professor precisa ter um repertório suficientemente amplo para que, à medida que surge uma situação, ele possa compreendê-la e organizar-se para encaminhar seus estudos pessoais, assim como o trabalho com as crianças, criando perguntas e desafios. Os conhecimentos que o professor adquire ao realizar os projetos não são os mesmos dos alunos da educação infantil, ou seja, são de ordem diferente.

Saber que o peixe Beta é um animal originário do sudeste da Ásia, que é denominado peixe de guerra devido a uma tribo muito guerreira, chamada Ikan Bettah, que habitava o antigo Sião, hoje Tailândia, pode ser importante para o professor pensar em estratégias de desenvolvimento do trabalho. Porém, para as crianças da educação infantil, essas informações isoladas não fazem o menor sentido; essas classificações e denominações não têm nenhum uso. As crianças podem ouvir, saber os nomes, mas o que lhes interessa é poder ter a experiência de cuidar do peixe, saber o que ele come, conhecer as histórias do peixe de briga, verificar pela aparência características como as cores, o tipo de nadadeiras e aprender como se preparam para a luta.

Nesse sentido, os conteúdos gerais da área de biologia são uma competência dos professores, que precisam saber desses conceitos para fazerem perguntas, oferecerem experiências, contribuírem no desenvolvimento dos projetos e no estabelecimento de relações e não para transmitirem conceitos previamente organizados. As disciplinas, seus conteúdos fundamentais, suas subdivisões são os conteúdos dos professores e não o programa de trabalho dos alunos da educação infantil.

É claro que muitas vezes as crianças nos surpreendem querendo saber como é que funciona um motor de locomotiva a vapor, como foi possível colocar o oxigênio nos tubos de mergulho, como as estrelas ficam presas no céu. Essas perguntas são difíceis de serem respondidas, e o professor precisa aprender a desdobrar a pergunta e partir, junto com as crianças, à procura das respostas possíveis, através de estratégias adequadas ao seu modo de ser e pensar. De acordo com Lipman (1997, p.71):

> Cada assunto pode desdobrar-se, construir sobre si mesmo, questionar-se, iluminar-se a partir de dentro e erguer pontes com as disciplinas parceiras. (...) Afinal de contas, o mais importante não é que o professor consiga dar toda a sua matéria, mas sim que os alunos adquiram os significados que estão disponíveis no assunto em questão.

Além de ter objetivos sintéticos, claros e gerais sobre o que se pretende com a formação das crianças – os conhecimentos produzidos pela nossa cultura que consideramos fundamentais para que elas compreendam o mundo e sintam-se efetivamente inseridas nele –, outras questões também são relevantes. É preciso compor o currículo com as necessidades que nós, os adultos, acreditamos que sejam aquelas apresentadas pelas crianças e que podemos obter por meio da observação das brincadeiras e de outras manifestações não verbais, assim como da escuta de suas falas das quais emergem os interesses imediatos.

As aprendizagens nos projetos acontecem a partir de situações concretas, das interações construídas em um processo contínuo e dinâmico. Nesse entendimento se afirma, se constrói e desconstrói, se faz na incerteza, com flexibilidade, aceitando-se novas dúvidas, acolhendo-se a curiosidade, a criatividade que perturba e que levanta conflitos. A ordem em que esses conteúdos serão trabalhados, o nível de profundidade, o tipo de abordagem serão definidos pelo processo de trabalho cooperativo do grupo (adultos e crianças). Quais serão os conteúdos e como o ensino será desenvolvido somente saberemos ao longo do percurso definido por cada grupo. Portanto, o planejamento é feito concomitantemente com as ações e as atividades que vão sendo construídas "durante o caminho". Um projeto é uma abertura para as possibilidades amplas e com uma vasta gama de variáveis, de percursos imprevisíveis, criativos, ativos, inteligentes acompanhados de uma grande flexibilidade de organização.

Desenvolver uma programação não é estabelecer uma ordem linear, de causa e efeito, de antes e depois, de simples ao complexo. Não apenas ordem, desordem e organização devem ser pensadas em conjunto. Segundo Morin (2000) "A ciência não deve afastar a desordem de suas teorias, mas estudá-las". Nesse modo de educar, as crianças são vistas como sujeitos que têm suas próprias teorias sobre o mundo e o seu funcionamento. Por isso, qualquer construção nova de conhecimentos deve partir das concepções anteriores, problematizar e reconstruir os conhecimentos. Se utilizássemos uma metáfora, são as "portas que vão se abrindo" e encaminham para novos e singulares rumos.

PROJETUALIDADE NA ESCOLA: A ARTICULAÇÃO ENTRE PROPOSTA PEDAGÓGICA E A ORGANIZAÇÃO DO ENSINO EM PROJETOS DE TRABALHO

As discussões atuais em torno do fazer pedagógico são unânimes em reafirmar que a construção de uma proposta pedagógica, legitimada como o documento norteador de todo o trabalho na escola, é imprescindível quando se pretende alcançar uma educação de qualidade.

Jurjo Santomé (1998, p.25) assinala que "muitos afirmam que a única coisa que liga as diferentes salas de uma de instituição são os 'cabos elétricos'". Via de regra, isso ocorre porque não existe uma identidade pedagógica nem tampouco um planejamento compartilhado entre os professores. Desde a educação infantil, passando pelo ensino fundamental e médio, até chegar à universidade, o princípio que rege a seleção de conteúdos, bem como a forma de articulá-los, não costuma ser discutido coletivamente.

Além disso, a proposta pedagógica da instituição, explicitada ou não, igualmente não foi construída por todos os integrantes da comunidade escolar: alunos, professores, funcionários, direção e pais dos alunos. Essa construção coletiva deverá ser responsável pela convergência de pensamento à qual as correntes da psicologia, da filosofia e da sociologia dão suporte, ao que entendemos por educação, por ensino e aprendizagem, por criança, enfim, pelo tipo de cidadão que queremos formar.

Em seu sentido original, as propostas pedagógicas têm por objetivo estimular a inovação educacional, servindo para traduzir novas ideias do que seja trabalhar com as diversas áreas do conhecimento. Nesse sentido, é necessário estar alerta, pois essa marca da novidade pode nos fazer esquecer preceitos, dados históricos e nos iludir com o poder "mágico" que, muitas vezes, acreditamos ter uma nova metodologia.

Segundo Kramer (1997), uma proposta pedagógica sempre contém uma aposta, não sendo um fim, mas um caminho que se constrói no (ou ao) caminhar. Isso significa, entre outras coisas, que esse planejamento não é estático, não poderá ser determinado ou outorgado por instâncias superiores à escola, já que a realidade de cada instituição conta uma história, refere-se a uma dada realidade e está inserida em um contexto socioeconômico e cultural que lhe é peculiar. Não existe um modelo a ser seguido, por isso se constitui em um processo democrático de decisões e um organizador do trabalho pedagógico.

Um aporte importante nessa discussão é entender a proposta pedagógica como um instrumento que responda às necessidades sociais da comunidade onde se insere e, a partir disso, desvelar o "para que" e "para quem" se ensina. Ter a clareza quanto ao papel que a escola assume diante de sua comunidade leva-nos a explicitar que princípios nortearão esse documento. Portanto, o caráter reflexivo e dialógico deverá guiar a construção desse instrumento de trabalho.

Geralmente, encontramos propostas pedagógicas organizadas para os ensinos fundamental e médio em torno de disciplinas. Porém, discussões recentes acerca dessa organização apontam para a necessidade da integração dos conteúdos estruturados em núcleos que ultrapassam os limites das disciplinas, centrados em temas, problemas, tópicos ou ideias. Segundo Hernández (1998), a definição sobre o sentido da globalização se estabelece como uma questão que vai além da escola e que, possivelmente, na atualidade, motivada pelo desenvolvimento das ciências, receba um novo sentido, centrando-se na forma de relacionar os diferentes saberes, em vez de preocupar-se em como levar adiante sua acumulação.

O mundo atual caracteriza-se pela globalização; as questões estão relacionadas tanto em nível local como também internacionalmente. As dimensões financeiras, culturais, políticas, ambientais, entre outras, são interligadas e interdependentes. Além disso, a velocidade com que novas pesquisas apontam outros caminhos, novas descobertas e, consequentemente, novos conhecimentos não permite acompanhar todo esse processo, do mesmo modo que a escola de outros tempos deu conta de todas as informações consideradas importantes da época. Segundo Santomé (1998, p.27):

> O currículo globalizado e interdisciplinar converte-se assim em uma categoria guarda-chuva capaz de agrupar uma variedade de práticas educacionais desenvolvidas nas salas de aula, e é um exemplo significativo do interesse em analisar a forma mais apropriada de contribuir para melhorar os processos de ensino e aprendizagem.

Nessa concepção, presta-se atenção a tudo o que se passa na escola, propiciando-se aos alunos as aprendizagens consideradas mais significativas, na medida em que são oferecidas múltiplas possibilidades para a intervenção educativa. Sabemos que toda proposta pedagógica implica necessariamente apontar as especificações metodológicas e didáticas para o desenvolvimento da intencionalidade do processo de ensino-aprendizagem, as quais não poderão estar em dissonância com os princípios que as norteiam, bem como do referencial teórico que as fundamenta.

Por conseguinte, o modo como organizamos o ensino não poderá estar desconectado dessas especificações. Assim, se pensarmos em um currículo integrado, organizado em torno de ideias, tópicos ou princípios que congregam as diferentes áreas do conhecimento, a organização do ensino deverá ser compatível com essa proposta e não poderá tratar do conteúdo de uma forma fragmentada. Trabalhar com projetos de trabalho emerge como uma possibilidade metodológica possível nessa perspectiva, partindo-se de uma situação-problema para a qual convergem diferentes campos do conhecimento. Seu papel é o de articular e estabelecer relações compreensivas que possibilitem novas convergências geradoras.

Segundo Hernández e Ventura (1998), qualquer tema, por mais complexo que seja, pode ser explorado em classe. Em uma perspectiva sociointeracionista de aprendizagem, em que a ação pedagógica é dinamizada constantemente pelas relações que se estabelecem em sala de aula e no espaço da escola, isso se torna possível. Desse modo, o papel do professor não é o de mero espectador em relação ao caminho que o aluno vai percorrendo no processo ensino-aprendizagem.

Por muito tempo se pensou – e muitos pensam ainda – que esse processo ocorre de forma espontânea e que o papel do professor não deverá ser intencional. Ao contrário, nessa concepção de ensino e aprendizagem, seu papel reveste-se de fundamental importância, pois cabe a ele organizar estratégias e materiais, colocando seus alunos em contato com diferentes objetos da cultura que, muitas vezes, só estarão disponíveis na escola. O professor atua como um guia que aponta vários caminhos que os alunos poderão seguir, adotando uma atitude de escuta e diálogo. Quando falamos em organizar estratégias, prever materiais e recursos, estamos especificamente nos referindo a planejamento. E, quando nos propomos a falar em projetos de trabalho, estamos igualmente falando em planejar atividades, organizá-las e definir os materiais e recursos que serão utilizados.

Nesse contexto, é importante ponderar que trabalhar com projetos de trabalho implica considerar o que as crianças já sabem sobre o tema em discussão. Essa forma de estruturar o ensino leva em conta possibilidades, necessidades e características dos alunos, favorecendo um estudo multidisciplinar. Entender que o conhecimento não é algo fragmentado e que não aprendemos a partir de um único enfoque ou tema é fundamental no trabalho com projetos. Nessa dimensão, o professor deverá preocupar-se em estudar de modo aprofundado a temática a ser focalizada, explorando-a e levando em consideração os conhecimentos prévios dos alunos. Isso permitirá a adequação das atividades planejadas, bem como dos materiais e recursos que poderão dar suporte à aprendizagem.

Cabe destacar, ainda, que esse modo de organizar o ensino sempre começa e desenvolve-se por caminhos próprios, evoluindo em relação às atividades do professor e do seu grupo de trabalho. Esse é um processo criativo, na medida em que permite ricas relações entre ensino e aprendizagem, envolvendo o estabelecimento de muitas e diversificadas relações entre o que se sabe e o que é novidade. Isso se justifica plenamente nos tempos atuais, uma vez que é importante que o indivíduo possa compreender o mundo em que está vivendo, analisando, interpretando e estabelecendo relações entre as informações disponíveis. Esse é um processo que não resulta de um somatório de informações; ao contrário, ele se constrói mediante diferentes formas: desde o modo como se respondem às perguntas dos alunos, passando pelo conteúdo das informações que se vinculam aos diferentes campos do conhecimento, até a ideia-chave que se relaciona com outros temas em que essa ideia também se inclui.

A metáfora de "portas que vão se abrindo" se ajusta à metodologia de projetos: conforme avançamos nas pesquisas, nas atividades que vão sendo construídas, podemos navegar em diferentes áreas do conhecimento.

PROJETUALIDADE NA SALA DE AULA

Reapresentando a ideia de que não trabalhamos projetos de maneira fragmentada, com tempos predeterminados, com atividades planejadas com antecedência, queremos reafirmar que, para se trabalhar com a organização do ensino em projetos de trabalho, é preciso inseri-lo em uma proposta pedagógica que contemple concepções de ensino e aprendizagem, educação, modos de organizar o espaço. Ao definirmos todas essas questões, é fundamental permitirmos a entrada "do mundo entra na sala de aula". Nesse sentido, não cabe considerar uma sala como uma estrutura centrada na figura do adulto, com lugares e materiais definidos previamente, os quais não permitem novas interações das crianças com o meio, novos olhares das crianças da realidade em que se inserem.

Figura 4.3
O cercadinho.
Fonte: Tonucci, 1997, p. 29.

A sala de aula é um microcosmo onde complexas relações e fatores interligam-se como elementos estruturantes do fazer pedagógico. Compõem esse contexto as relações de tempo, de espaço, de interações entre crianças e crianças, crianças e professores, crianças e comunidade escolar.

Os tempos na sala de aula

Os projetos podem ter tempos diferentes de duração. Existem projetos de curto prazo, outros que exigem um médio prazo entre a elaboração e a execução, assim como aqueles de longo prazo, isto é, que podem durar um extenso período de trabalho. Loris Malaguzzi afirmava que os projetos *precisam de um tempo longo*. Podem também ser contínuos ou descontínuos, com pausas ou suspensões. O tempo do projeto é o tempo da vida. Jamais se domina, ao trabalhar com essa metodologia, o que se deveria saber para o empreendimento desde o início ou o tempo que o processo irá durar. É uma incógnita para pais, professores e crianças. O tempo será definido na ação. Loris Malaguzzi (citado em Edwards, 1999) dizia que as crianças projetam, escolhem e produzem atividades para a solução de problemas. Porém estes não devem ser problemas curtos, mas problemas longos, e que contenham uma história dentro deles.

É importante lembrar que uma mesma turma de alunos pode desenvolver vários e distintos projetos ao longo do ano, que muitos deles podem ter uma existência concomitante e que nem todos os projetos precisam necessariamente ser desenvolvidos por todos os alunos. Nesse tipo de organização pedagógica, os conceitos e as habilidades consideradas relevantes e adequadas aos alunos da pré-escola devem estar claros para os educadores, podendo contribuir na elaboração dos projetos. A ordem em que esses conteúdos serão trabalhados, o nível de profundidade e o tipo de abordagem serão definidos pelo processo do trabalho cooperativo do grupo. É necessário redimensionar o tempo no trabalho escolar, não sendo possível continuar a fazer o tempo do capital ser o tempo da aprendizagem. Anguita e Lopez (2004, p.59-61), ao discorrerem sobre o trabalho com projetos em sala de aula, anunciam:

> Necessitamos de tempo para formular hipóteses, para pôr em dúvida o que se sabe, para contrastar, para argumentar, para colocar novas perguntas, para construir relações, tempo para poder buscar na língua aquelas palavras que podem expressar melhor o que pensamos ou sentimos, ou as que abrem novas dimensões ao conhecimento.

Os espaços na sala de aula

A construção do espaço é eminentemente social e entrelaça-se com o tempo de forma indissolúvel, congregando simultaneamente diferentes influências mediatas e imediatas advindas da cultura e do meio em que estão inseridos seus atores. Nesse processo, é importante ressaltar, *a priori*, que o ser humano diferencia-se das outras espécies animais por ser capaz de criar, de usar instrumentos e de simbolizar. Utilizando-se basicamente do raciocínio e da linguagem, ele consegue transformar suas relações com os outros e com o mundo.

Da imperícia e total dependência de outros seres humanos, os bebês percorrem uma fascinante e desafiadora trajetória, que não transcorre de maneira linear. Ao contrário, é um percurso carregado de emoções, desafios, conquistas que avançam, retrocedem, alargam-se, estreitam-se conforme as mediações, as influências e a rede de relações[1] que se estabelece em torno desse bebê. Se nos propomos a refletir sobre o espaço e a organização do ensino em projetos de trabalho, é importante entender primeiramente de que espaço estamos falando e do modo como as crianças interagem nesse espaço.

Zabalza e Fornero (1998) fazem uma interessante distinção entre espaço e ambiente, apesar de terem a clareza de que são conceitos intimamente ligados. Afirmam que o termo espaço refere-se aos locais onde as atividades são realizadas e caracterizam-se pelos objetos, pelos móveis, pelos materiais didáticos e pela decoração. O ambiente, por sua vez, diz respeito ao conjunto desse espaço físico e às relações que nele se estabelecem, as quais envolvem os afetos e as relações interpessoais dos envolvidos no processo – adultos e crianças. Em outras palavras, podemos dizer que o espaço refere-se aos aspectos mais objetivos, enquanto o ambiente refere-se aos aspectos mais subjetivos.

Nesse contexto, não se considera somente o meio físico ou material, mas também as interações que se produzem nesse meio. É um todo indissociável de objetos, odores, formas, cores, sons e pessoas que habitam e que se relacionam dentro de uma estrutura física determinada que contém tudo e que, ao mesmo tempo, é contida por esses elementos que pulsam dentro dela como se tivessem vida. Fornero (em Zabalza, 1998),

---

[1] A rede de significações é constituída por um conjunto de fatores físicos, sociais, ideológicos e simbólicos próprios daquela cultura e grupo social. Esse conceito foi desenvolvido pela Prof^a. Maria Clotilde Rossetti Ferreira e por seu grupo de pesquisa (USP/ Ribeirão Preto).

Figura 4.4
Interação de crianças com o meio ambiente e entre si.

afirma que o ambiente "fala", transmite-nos sensações, evoca recordações, passa-nos segurança ou inquietação, mas nunca nos deixa indiferentes.

Segundo Horn (2004), o espaço é então entendido em uma perspectiva definida em diferentes dimensões: a física, a funcional, a temporal e a relacional, legitimando-se como um elemento curricular. Nessa perspectiva, estrutura oportunidades para a aprendizagem por meio das interações possíveis entre as crianças e os objetos e delas entre si. A partir dessa compreensão, o espaço nunca é neutro, podendo ser estimulante ou limitador de aprendizagens, dependendo das estruturas espaciais que estão postas e das linguagens que estão representadas.

Quando abordamos a discussão acerca da importância do meio no desenvolvimento humano, é imprescindível buscar nos aportes de Wallon (1989) e de Vygotsky (1984) a legitimidade teórica necessária para respaldá-la. A partir da perspectiva sócio-histórica de desenvolvimento, ambos relacionam afetividade, linguagem e cognição com as práticas sociais quando discutem a psicologia humana no seu enfoque psicológico. Ou seja, para esses autores, o meio social é fator preponderante no desenvolvimento dos indivíduos, fazendo parte constitutiva desse processo. Ao interagirem nesse meio e com outros parceiros, as crianças aprendem pela própria interação e imitação.[2]

A implicação pedagógica decorrente dessa ideia é a de que a forma como organizamos o espaço interfere significativamente nas aprendizagens infantis. Ou seja, quanto mais o espaço for desafiador e promover atividades conjuntas entre parceiros, quanto mais permitir que as crianças

---

[2] Imitação aqui é entendida a partir da perspectiva de Vygotsky, ou seja, imitar não é uma mera cópia do modelo, mas uma reconstrução individual do que é observado nos outros.

se descentrem da figura do adulto, mais fortemente se constituirá como propulsor de novas e significativas aprendizagens.

Que características, então, esses espaços e ambientes deverão ter para dar conta disso? Inicialmente, é necessário referir que, conforme vão crescendo, as crianças estabelecem novas e cada vez mais complexas relações, fruto de importantes modificações no plano mental e social. Assim, outros móveis, objetos e acessórios tornam-se indispensáveis para povoar o espaço que habitam, dando novas nuances e possibilidades de ação no ambiente que constroem, tais como mesas adequadas para pintar, desenhar, caixas com diferentes tipos de tintas, pincéis, colas, tesouras, papéis de diferentes formatos, texturas e tamanhos, livros de histórias, baús com roupas e fantasias, etc. Em resumo, o espaço destinado às crianças pequenas não será sempre o mesmo. Suas necessidades físicas, sociais e intelectuais, ao se modificarem, incidem em modificações também no meio em que estão inseridas.

É essencial um fazer pedagógico que permita à criança agir sem o auxílio do adulto, levando em consideração suas necessidades básicas e suas potencialidades. Essa forma de organizar o espaço "quebra" o paradigma de uma escola inspirada em um modelo de ensino tradicional de classes alinhadas, umas atrás das outras, de móveis fixos, de armários chaveados pelo(a) professor(a), do(a) qual dependerá toda e qualquer ação da criança.

Em um contexto assim pensado e organizado, promovemos a construção da autonomia moral e intelectual das crianças, estimulamos sua curiosidade, auxiliamos a formarem ideias próprias das coisas e do mundo que as cercam, possibilitando-lhes interações cada vez mais complexas. Desse modo, é de extrema relevância apontarmos aqui que não é somente o espaço limitado das salas de aula ou das atividades propriamente ditas que devemos considerar e ou tão-somente os modos de organizá-los. To-

Figura 4.5
Espaços contíguos para crianças de 0 a 2 anos.
Escola Infantil Moinho, Porto Alegre.

dos os espaços das instituições de educação infantil são "educadores" e promovem aprendizagens (*hall* de entrada, biblioteca, banheiros, cozinha, corredores, pátios, etc.) na medida em que, devido às suas peculiaridades, promovem o desenvolvimento das múltiplas linguagens infantis.

Neste ponto é que podemos estabelecer relações entre o modo como pensamos o espaço e a organização do ensino em projetos de trabalho porque, entre outras razões, ao trabalharmos com essa metodologia oportunizamos às crianças aprender a aprender. A construção desse processo é facilitada quando os adultos atuam de maneira a não centralizar as atividades, permitindo que as crianças procurem competentemente materiais e atividades que as desafiem. Isso não se faz sem a parceria de um espaço que seja cúmplice na construção da autonomia moral e intelectual por parte das crianças. Em um contexto pensado em cantos e recantos com diferentes temáticas, que permitem seu livre trânsito e que, ao mesmo tempo, proporciona ricas interações, os temas dos projetos são alimentados, assim como se preveem novos rumos nos trabalhos, se levantam dúvidas e se buscam respostas, fatores propulsores no andamento de um projeto. Um ambiente rico e instigante suscita muitas interrogações às crianças, o que é ponto de partida para o desenvolvimento de projetos significativos.

Também é importante lembrar que o espaço tem um caráter simbólico, pois oferece um ambiente de cumplicidade, que permite a emergência das singularidades, das diferentes identidades, das experiências, dos sentimentos e das emoções. Temos reiterado que o modo como organizamos o espaço e o tempo nas instituições de educação infantil reflete nossas crenças acerca das concepções de mundo, de criança, de aprendizagem e de educação, podendo estruturar-se de diferentes formas. O que importa realmente na construção de um projeto de trabalho é a reflexão que fazemos sobre uma dada situação e o problema que se aponta a partir dela. Nessa ótica, podemos indicar alguns pontos referentes e estruturantes de seu planejamento, temática que abordaremos no próximo capítulo.

5

TRAMANDO OS FIOS E ESTRUTURANDO OS PROJETOS

A pedagogia de projetos é uma possibilidade interessante em termos de organização pedagógica porque, entre outros fatores, contempla uma visão multifacetada dos conhecimentos e das informações. Todo projeto é um processo criativo para alunos e professores, possibilitando o estabelecimento de ricas relações entre ensino e aprendizagem, que certamente não passa por superposição de atividades. Fréber (em Hernández, 1998, p.112) traz uma importante contribuição para o entendimento dessa ideia:

> Às vezes, uma boa vontade globalizadora nos faz pensar que temos que encontrar um tema que nos permita relacionar os conteúdos de todas as matérias. Força-se, então, que todas as áreas do conhecimento sejam privilegiadas. Aí o docente se transforma em alquimista da realidade: transforma a paixão por descobrir, aprender e seguir um fio trançado de surpresas e passa a reduzir sua atividade de exploração e criação em um marco de conteúdos pré-fixados.

Como não seguem um único e preconcebido esquema, nem sempre os projetos terão a mesma estrutura, a qual dependerá do tipo de problema que está sendo proposto, das experiências prévias do grupo e das possibilidades concretas da escola. Desse modo, os projetos devem ter garantida essa estrutura mutante e inovadora para não se tornarem maneiras singulares e repetitivas de ver e analisar o mundo. Nessa dimensão, a pedagogia de projetos indica uma ação concreta, voluntária e consciente, que é decidida tendo-se em vista a obtenção de alvo formativo determinado e preciso. Para construir um projeto na prática escolar, é importante refletir sobre uma situação, o problema global dos fenômenos, a realidade factual, e não sobre a interpretação teórica já sistematizada nas disciplinas.

A postura pedagógica implicada nessa abordagem provoca muitas vezes certa insegurança aos educadores, já que eles não podem ter, desde o primeiro momento, o mapeamento do projeto como um todo, pois este será elaborado paulatinamente pela ação, pela avaliação e pelo replanejamento. Essa construção envolve a participação tanto dos alunos quanto do educador, na medida em que as decisões e os encaminhamentos emergem das motivações do grupo, dos materiais e recursos disponíveis, das portas que se abrem – possibilitando novos embates, novos problemas, novas soluções – e, principalmente, do estudo aprofundado que os professores realizam acerca da temática a ser estudada.

Relembrando que a estruturação de um projeto não é rígida nem tampouco predeterminada, apontaremos alguns aspectos referenciais importantes nesse processo de construção.

DEFININDO O PROBLEMA

A escolha do tema ou do problema para um projeto pode advir das experiências anteriores das crianças, de projetos que já foram realizados ou que ainda estejam em andamento e das próprias interrogações que as crianças se colocam. Também o professor, os pais e a comunidade podem propor projetos para o grupo de crianças. Por exemplo, uma gincana, uma olimpíada, uma correspondência interescolar. Para sabermos se um tema ou problema é realmente interessante, precisamos ver se ele, como diz Lipman (1997), "intranquilizou as mentes".

É igualmente importante fazer uma boa constituição, uma especificação e um recorte; afinal, a exposição do problema não resolve por si só a questão, porém auxilia a encontrar os caminhos para a sua resolução. Assegurar que, desde o princípio, os elementos necessários para encaminhar o processo de solução das questões estejam claros é fundamental. Os projetos sempre contêm um problema: se o projeto é escrever uma peça teatral, os alunos aprenderão não como um exercício formal, mas como a elaboração de uma obra coletiva a ser apresentada para um público. O trabalho de projetos reage contra o verbalismo, os exercícios de memória, os conhecimentos acabados, colocando os alunos em condições de adquirir, investigar, refletir, estabelecer um propósito ou um objetivo.

Portanto, diversos são os modos de se iniciar um projeto. Optamos por indicar, à guisa de exemplo, diferentes formas por meio de registros extraídos de relatórios que darão ao leitor a possibilidade de ver, na

Projetos pedagógicos na educação infantil **55**

concretude do cotidiano de algumas escolas infantis, esses diferentes começos.

Conversando na roda, contando fatos significativos... lendo jornal!

A história começa com a experiência de Andréa...

Em algumas segundas-feiras, as crianças contam o que fizeram durante o fim de semana. Não o fazem como um hábito a mais na escola, mas só quando têm coisas interessantes a relatar. Naquele dia, Andréa nos disse que tinha ido ao Zoo com seus pais para dizer adeus a Ulisses: "Vai para muito longe porque está triste". Então, todo o grupo quis participar da conversa. Alguns estavam mais inteirados do tema, outros menos. Fomos procurar o jornal e efetivamente ali estava a notícia. Foi lida e soubemos de mais coisas:

– Que ia a San Diego, uma cidade dos Estados Unidos.
– Que ia porque estava triste, porque não tinha outra orca para ser amigo nem para ser sua companheira.
– Que a piscina do Zoo de Barcelona era muito pequena para ele e, por isso, não cabia nela.

Decidimos olhar a cada dia o jornal para saber mais detalhes sobre Ulisses e sua viagem. Assim foi que iniciou nosso estudo sobre as orcas. Não só sobre Ulisses, mas sobre todas as orcas. Quando manifestamos nosso interesse pelas orcas, ao dizer às famílias que necessitávamos de informações sobre esses animais, além dos jornais, chegaram na sala de aula todo tipo de documentação em forma de vídeos, revistas e livros, o que nos permitiu saber que havia outras orcas que não viviam em piscinas, mas em liberdade no mar.

Instituição: Escola Isabel de Villena del Llogregat/Barcelona/Espanha
Projeto: Professora Mercê de Febre
Faixa etária: 3 anos
Fonte: HERNÁNDEZ, F. *Transgressão e mudança na educação:* os projetos de trabalho. Porto Alegre: Artmed, 1998.

Aconteceu um fato inusitado e instigante...

Vou começar por descrever uma situação registrada em um jardim de infância da rede pública do Ministério da Educação/Lisboa/Portugal.

Rita, a auxiliar de ação educativa, manifesta sua preocupação à educadora Ana pelo fato de o hamster não comer como o outro hamster que se encontra na sala da educadora Carolina. Rita está traumatizada pela experiência vivida durante as férias de Natal: deslocara-se ao jardim de infância para tratar da limpeza e da alimentação do hamster e o havia encontrado morto. Deitou-o fora, juntamente com os restos da comida e telefonara à educadora, em lágrimas, dizendo o sucedido. A educadora acalmara-a e dissera

(continua)

(continuação)

que, quando recomeçassem as atividades, resolveriam o assunto em conjunto com as crianças. No começo de janeiro, de regresso ao jardim de infância, Rita encontrara novamente o hamster na grande bacia que lhe serve de habitação. Insiste, perante a surpresa da educadora, que alguém foi comprar outro hamster, que aquele é diferente "tem as bochechinhas mais inchadas"! Finalmente, depois de muito inquirir, Rita chega à conclusão de que outra das empregadas da escola havia retirado o hamster vivo do caixote do lixo. É evidente que, a esta altura, a educadora havia explicado a Rita que os hamster hibernavam. O grupo de crianças entre 3 e 4 anos, que gosta muito do seu hamster, fica curioso com o fato de o hamster hibernar. Quer saber mais sobre a vida e os hábitos dos hamsters.

Instituição: Escola Figueirinha da Rede Municipal de Lisboa.
Projeto: Das perplexidades em torno de um hamster.
Faixa etária: 3 a 4 anos.
Fonte: VASCONCELOS, T. *Qualidade e projeto na educação pré-escolar.* Lisboa: Ministério da Educação, Departamento de Educação Básica, 1998.

MAPEANDO PERCURSOS

O grupo dá continuidade ao trabalho com a organização de situações nas quais as crianças levantam propostas, organizam listas, quadros e redes com múltiplas ligações, delineando-as como um mapa conceitual. O confronto de ideias aparece muitas vezes nesse momento, no que diz respeito tanto às concepções quanto aos modos de encaminhamento do trabalho.

Esse esquema produzido coletivamente é a base do planejamento das tarefas – individuais, de pequenos e de grande grupo – e da própria distribuição do tempo. Junto a isso, podemos verificar os recursos humanos e materiais que serão utilizados na execução do projeto e, a partir disso, conjuntamente com as crianças, construir um quadro de responsabilidades. Este também pode ser visto como o primeiro momento da avaliação (avaliação diagnóstica ou inicial), servindo como parâmetro para a avaliação final do projeto.

É importante ainda salientar que cabe ao professor, independentemente do seu trabalho junto às crianças, articular esse tema com os objetivos gerais previstos para o ano letivo. Também cabe a ele realizar uma previsão dos conteúdos que podem vir a ser trabalhados, atualizar-se em relação ao tema, discuti-lo com os outros educadores da escola, ampliar os conhecimentos e fazer novas propostas de trabalho para o grupo.

Desse modo, apesar de partirem de situações significativas e concretas da vida das crianças, os projetos devem ajudá-las a afastarem-se das mesmas. As especificidades e particularidades nas quais estão imersas em sua vida cotidiana e familiar deverão dar lugar à busca de integração em uma nova comunidade e de um outro tipo. Esse espaço de novas aprendizagens será composto por adultos (educadores) e de outras crianças (colegas) em um espaço diferente, simbólico, abstrato. Enfim, é importante que a criança possa mergulhar em um mundo de significados gerais que estão ligados ao que ela vê e faz.

Vygotsky (1987) já afirmava que o único ensino bom é aquele que está adiante do desenvolvimento e que o puxa para frente. A ideia aqui concebida é a de que o ensino cria uma série de processos de desenvolvimento que de outro modo não seria possível despertar nas crianças. Isto é, o ensino precede e estimula o desenvolvimento mental da criança.

Nesse momento, responde-se às seguintes questões: o que precisa ser feito? Como o trabalho pode ser desenvolvido? Como obter os materiais? Como serão distribuídas as responsabilidades? O planejamento não fica pronto no momento inicial, sendo continuamente ajustado às situações-limite. Dos fatos registrados no relatório a seguir, podemos ilustrar tais afirmações:

Costurando, juntando, agregando dados e fatos...

Continuando a falar do projeto do Hamster...

A educadora limita-se a fazer perguntas e sugestões que levam a que o interesse e a motivação das crianças e da auxiliar Rita se mantenham vivos. A auxiliar sai da sala e volta passados momentos. Diz que falou com Gracinda, a outra auxiliar, e ela lhe indicara que havia um livro na escola sobre como tratar dos hamster. Ana sugere-lhe que traga rapidamente o livro. Volta passados minutos... Não se trata de um livro vulgar, mas sim de um Atlas dos Animais. Senta-se de imediato na mesa em que regularmente o grupo se reúne e procura a palavra hamster. Não é necessário chamar as crianças. Como que sugadas pelo interesse, elas agrupam-se em torno de Rita. Ana, atenta, discreta, envolve as crianças de forma a que todas possam observar... Ana se faz de memória do grupo: relembra a experiência de Rita nas férias de Natal, o fato de terem regressado de férias e o hamster estar vivo no seu espaço... As crianças estão presas, suspensas... Há quase 10 minutos um grupo de crianças de 3 a 4 anos não arreda pé de onde Rita lê uma enciclopédia. As crianças começam a ganhar consciência da orientação que pretendem tomar. Torna-se importante começar a ser mais concreto: o que vai se fazer... por onde começar...

(continua)

(continuação)

> *Instituição:* Escola Figueirinha da Rede Municipal de Lisboa.
> *Projeto:* Das perplexidades em torno de um hamster.
> *Faixa etária:* 3 a 4 anos.
> *Fonte:* VASCONCELOS, T. *Qualidade e projeto na educação pré-escolar.* Lisboa: Ministério da Educação, Departamento de Educação Básica, 1998.

Não poderíamos deixar de chamar a atenção para algumas questões que consideramos relevantes na prática com projetos de trabalho, tendo como suporte o relato descrito. A primeira refere-se ao fato de que a auxiliar que trabalha junto à professora tem "voz e vez" junto às crianças. Isso se expressa no modo como sai em busca de materiais para subsidiá-las, no envolvimento curioso que se manifesta quando lê o texto e dialoga com os alunos. Ao lado disso, há evidências do quanto a professora abre um espaço na sala de aula para que essa educadora também interaja diretamente com as crianças. Essa situação reflete um trabalho curricular e pedagógico que atinge não somente os professores, mas toda a equipe da escola.

Outro aporte que se faz necessário é o fato de uma escola infantil ter disponível e acessível aos seus alunos certos materiais como um Atlas dos Animais. Isso possibilitou que o interesse e a curiosidade das crianças sobre os hábitos dos hamster fossem de imediato saciados e, ao mesmo tempo, incentivados. Além disso, o hábito de frequentar lugares como a biblioteca da escola ou de algum local da comunidade possibilita o contato e o acesso a obras científicas e literárias que, certamente, alimentarão o trabalho com projetos. Nesse mundo de significados onde a criança deverá mergulhar, as situações advindas das histórias contadas poderão constituir-se em um momento propício a novas descobertas e ao estabelecimento de ricas relações.

Através desses exemplos podemos ver como é possível, a partir de situações que emergem do cotidiano abrir um espaço para o planejamento coletivo e a construção de um processo de trabalho compartilhado. Um dos pontos relevantes da pedagogia de projetos é que as crianças participam da gestão desse processo, propiciando-se, assim, que o poder do planejamento seja distribuído entre os adultos e as crianças. Para poder ter controle sobre o planejamento, é preciso que este "saia" do caderno da professora (compartilhado apenas com a coordenação pedagógica) e passe para formas coletivas de registro. Como já falamos anteriormente, ter calendário, fazer listas de atividades e dividir as responsabilidades são pontos fundamentais.

Nas anotações do diário de campo da professora Teresa Vasconcelos, exemplificaremos como os instrumentos de trabalho podem ser peças-chave no planejamento cotidiano do professor:

Os instrumentos de trabalho

Os instrumentos de trabalho têm um papel muito importante no dia a dia da Figueirinha. Ana os vê como extremamente flexíveis, acompanhando o fluir dos interesses das crianças, dentro dos limites impostos pela necessidade de se encontrarem como grupo, de comerem todos à mesma hora, de irem brincar juntas lá fora, de trabalharem e brincarem em pequenos grupos e de desempenharem as tarefas inerentes à vida na sala de atividades. São os instrumentos de trabalho que organizam a sala de atividades e consistem em: calendário, quadro de tarefas, quadro das idades, escala de crescimento, quadro das presenças, jornal de parede. São referências importantes para o trabalho de Ana e das crianças e também para o ambiente social e intelectual da sala, na medida em que dão às crianças um sentido do tempo e da continuidade, ao mesmo tempo em que deixam margem para a resolução individual ou conjunta dos problemas...

VASCONCELOS, T. *Ao redor da mesa grande*. Porto: Porto Editora, 1997.

COLETANDO INFORMAÇÕES

O grupo como um todo (crianças e adultos) busca informações externas em diferentes fontes: conversas ou entrevistas com informantes, passeios ou visitas, observações, exploração de materiais, experiências concretas, pesquisas bibliográficas, nos laboratórios, na sala de dramatização, na sala de multimídia, na sala de esportes ou em diferentes cantos ou ateliês na sala de aula ajudam a criar um ambiente de pesquisa. A organização do prédio e da sala de aula pode facilitar tanto a emergência de um projeto quanto a possibilidade de colocá-lo em andamento.

A biblioteca ou o centro de documentação da escola podem ser espaços explorados pelas crianças em busca de conhecimentos. É importante lembrar que esse ambiente deve ser organizado com e para as crianças: com caixas que contenham materiais sobre os temas, com livros diversificados que estejam colocados em altura adequada (onde elas possam explorar), com índices que apresentam e organizam as informações e com adultos disponíveis que lhes sirvam como apoio, já que muitas das crianças ainda não são leitoras experientes.

Ao lado disso, a comunidade e, em especial, os pais são ótimos informantes para as crianças. Para que eles acompanhem os trabalhos escolares, é importante que a escola mantenha-os informados sobre os trabalhos que estão sendo realizados pelas crianças e sobre os temas estudados. Essa comunicação pode ser feita por meio de reuniões, bilhetes, cartazes afixados na sala de aula ou no *hall* de entrada da escola. Este é um momento de que as crianças gostam muito. O planejamento necessita ser retomado continuamente. Surgem imprevistos que precisam ser solucionados, e o acompanhamento do professor é fundamental.

Após a coleta de informações, é preciso pensar em formas de sistematização, isto é, como fazer o registro. É necessário escolher o que deve ser registrado, selecionar, reelaborar as partes mais significativas e construir um tipo de codificação daquilo que foi pesquisado. Essa documentação pode ser constituída por desenhos realizados pelas crianças, textos coletivos organizados pela professora e pelo grupo, montagem de painéis com as descobertas mais interessantes sobre a temática, fotos, enfim, registros gráficos e plásticos que os alunos vão realizando ao longo do processo.

Os materiais produzidos nesse momento poderão constituir-se na memória do trabalho e também em uma fonte de consulta para as crianças quando colocados à disposição no centro de documentação. À medida que as informações vão sendo organizadas pelo adulto e pelas crianças, torna-se evidente o que já se sabe, o que se sabe pouco e a previsão de novos encaminhamentos ao trabalho. Os materiais produzidos podem formar a memória pedagógica do trabalho e ser uma fonte de consultas para outras crianças. O registro propicia a construção social da escrita e valoriza umas das dimensões do uso social da língua. No relato a seguir, encontramos respaldo prático dessas ideias.

Voltando a falar sobre Detetives de Bichos...

Diferentes registros, explorações plásticas, interações com o mundo literário, experiências, brincadeiras, jogos envolvendo matemática, a escrita, a expressão corporal e o movimento, constituíram um cenário de interesse e descoberta ao grupo, ao longo do primeiro semestre, envolvendo-nos cada vez mais no projeto.

Primeiramente, as crianças trouxeram para a escola pequenos bichinhos, em diferentes frascos. A cada dia que passava a coleta de bichos aumentava, surgindo novas indagações e questionamentos: Como devemos organizar estes bichinhos? Os que estão vivos vamos deixar no vidro? Que bichos são esses, conhecemos ou não?

Preparamos então um cantinho na sala para organizarmos todos os materiais (livros de pesquisa, lupa, pinça, frascos...) Com o auxílio da bióloga que trabalha no Ensino Médio da escola, fomos ao laboratório de biologia, selecionamos os bichos e aprendemos a guardá-los de forma correta, preparando uma solução de formol e álcool. Nesta ocasião foi possível identificarmos bichos que para nós eram desconhecidos. A partir destas descobertas, o próximo passo foi de pesquisa e investigação. Nesta etapa do trabalho, as famílias participaram bastante. Com as informações das pesquisas iniciamos o processo de formulação de hipóteses, experimentação e diag-

(continua)

Projetos pedagógicos na educação infantil **61**

(continuação)

nóstico de informações. Atrelado a isto foi possível conhecermos mais a vida destes animais investigados... primeiro foi a lagarta, depois as mariposas, as libélulas, os besouros...

Instituição: Colégio João XXIII, Porto Alegre.
Material: Relatório da Professora Luciane Lara da Rosa.
Projeto: Detetives de bichos.
Faixa etária: 4 a 6 anos

Figura 5.1
Observação e registro da metamorfose da borboleta. Atividade desenvolvida com alunos de 5 a 6 anos. Professora Renata Martelet.

SISTEMATIZANDO E REFLETINDO SOBRE AS INFORMAÇÕES

Nessa etapa, formulam-se as diferentes hipóteses, selecionam-se e coletam-se materiais e evidências, as quais são planejadas, registradas e transformadas em experiências sob a forma de diferentes linguagens. Nesse sentido, são válidas todas as atividades, tais como as de criação dos jogos, as atividades dramáticas, as experiências científicas, os desenhos, as esculturas, a marcenaria, a música, os gráficos, as redações, os desenhos, os modelos, a construção de miniaturas, o trabalho com números, cálculos, seriações e classificações, a ampliação de vocabulário específico, a elaboração de textos coletivos, as histórias contadas oralmente e escritas.

Após a investigação, são necessários momentos coletivos, nos quais a constelação de elementos trabalhados ao longo do projeto são reinventados, passando de matéria-prima para uma reconstituição narrativa da experiência. Aqui se desenvolve a habilidade de interpretar e coordenar as ideias encontradas, bem como de formular conceitos, a partir de uma organização difusa, e montar um conjunto com sentido. Nesse processo, as crianças iniciam apresentando o material coletado e fazem comparações, inferências, relações entre as informações. Elas avaliam e organizam as informações construindo interpretações da realidade. Para valorizar esse momento, utilizam-se diferentes modalidades de representar e comunicar, apresentando-se, assim, os diversos pontos de vista.

Ao lado disso, é necessário escolher o que deve ser registrado, como é possível registrar, selecionar, reelaborar as partes mais significativas e ajudar a construir um tipo de codificação daquilo que foi pesquisado. Passa-se da experiência concreta das crianças para as distintas formas narrativas, em que as atividades e habilidades ligadas ao pensamento teórico põem-se em ação. Se apenas trabalhamos as atividades empíricas, esquecendo as possibilidades de generalização, de deslocamento para outro contexto, de teorização, estamos deixando de cumprir um dos papéis específicos da escola. Entende-se que, nessa interação, as crianças precisam das linguagens simbólicas e dos conceitos abstratos para compreender melhor o mundo.

Para registrar e posteriormente comunicar o que foi conhecido, é preciso conhecer formas distintas de narrativas – como as linguagens visual, verbal, escrita, matemática, musical e corporal –, como também fazer uso de recursos como lápis, quadro, mural, computador, internet, gravador, vídeo, livros, revistas e documentos. É manipulando tais recursos, interagindo com eles, que se aprende a dominar técnicas e materiais.

Os projetos criam estratégias significativas de apropriação dos conhecimentos que podem ser continuamente replanejadas e reorganizadas, produzindo novos e inusitados conhecimentos. Com frequência, é a partir desse momento que o educador e as crianças propõem novas perguntas e caminhos a seguir com trabalhos individuais, de grupo ou grande grupo Este é, portanto, um momento em que os enfoques socioafetivo e sociocognitivo estão sendo privilegiados por meio das interações e do diálogo. Nesse processo, todos têm uma implicação ativa: cada integrante do grupo e também a professora são atores de um trabalho eminentemente cooperativo.

Mais uma vez em torno do hamster...

Na fase da execução, as crianças partem para o processo de pesquisa através de experiências diretas: uma visita de estudo, uma entrevista, uma pesquisa documental. Preparam aquilo que desejam saber, perguntas que querem fazer. As crianças transportam máquinas fotográficas, gravador, lápis e papel, embalagem para recolher plantas e animais ou mesmo um par de binóculos...

De regresso à escola, põem em comum o material recolhido. Consultam livros, revistas, enciclopédias, imagens variadas. A bibliotecária emprestou-lhes inclusive uma série da National Geographic Magazine sobre o assunto. Surgem desenhos pormenorizados e rigorosos sobre o hamster que as crianças realizam, tendo os livros e as imagens como fonte de consulta. Confeccionam-se as tonalidades do pêlo do hamster, descobrem-se tecidos e lãs que sugerem a textura do pelo. Fazem-se hamster em barro...

A comida do hamster é pesada, fazem-se triagens, gráficos indicadores das porções consumidas em cada dia. Observam-se as bolsas do hamster cheias de comida. Tudo é registrado. Monta-se um miniobservatório, a lupa passa a ser um objeto imprescindível. O professor de uma escola de nível médio da área da zoologia passa a visitar a sala todos os dias e serve de consultor do grupo. A educadora exige rigor em todo o processo de pesquisa, já que as crianças não merecem menos que isso. Finalmente, as crianças descobrem que o hamster gosta de brincar e que tem poucos objetos para isso em sua bacia de água. Definem que vão construir um balanço para o hamster, um lago para ele tomar banho e plantas para ele se esconder...

Instituição: Escola Figueirinha da Rede Municipal de Lisboa.
Projeto: Das perplexidades em torno de um hamster.
Faixa etária: 3 a 4 anos.
Fonte: VASCONCELOS, T. *Qualidade e projeto na educação pré-escolar*. Lisboa: Ministério da Educação, Departamento de Educação Básica, 1998.

A ideia do terrário...

Nosso primeiro terrário morreu porque, segundo a visita do biólogo da escola, havia poucas plantas e, portanto, poucos produtores de oxigênio em relação aos consumidores que eram muitos (caracóis, minhocas, fungos).

Resolvemos nos organizar novamente e montar um segundo terrário com a ajuda de todos. Para essa experiência, convidamos novamente Carlos (o biólogo da escola) para nos acompanhar na montagem. Várias modificações foram realizadas para que tentássemos alcançar nosso objetivo, ou seja, colocar elementos naturais em harmonia, formando um ecossistema.

Inúmeros registros e observações foram feitos pelas crianças no decorrer dos dias. Descobrimos, por exemplo, que determinadas plantas sofrem o processo de "gutação", isto é, absorvem a água da terra e formam uma gota que fica em sua extremidade por um bom tempo...

Em nosso bloco de apontamentos, fomos registrando as descobertas das crianças:

- Um cascudo morreu... ele caiu na água... ele não sobreviveu... (Marina)
- Tem água grudada no vidro... (Diogo)
- A água ferveu e subiu... evaporou... depois desceu para a terra... em forma de vapor... (Gabriel)
- Como acontece quando chove... quando a nuvem tem chuva... (Marcelo)
- As plantas estão um pouquinho maiores por causa do húmus... (Diogo)

Assim construímos nosso terrário, cuidando para colocarmos em prática tudo o que havíamos aprendido. Com a ajuda das crianças, tentamos equilibrar produtores e consumidores de oxigênio, dispomos a terra em forma de rampa para proporcionar um terreno variado para as minhocas. No final da primeira tarde, já podíamos observar o processo de evaporação da água. As crianças comentavam, explicando de diferentes maneiras e utilizando linguagem própria para expressar o que observavam.

Outras observações também foram importantes ao longo do processo como poder perceber o crescimento da raiz das plantas se desenvolvendo na terra e alcançando a camada de cascalho, bem como ver as minhocas produzindo húmus através das paredes do terrário...

A partir da experiência com o terrário, outra perspectiva de exploração científica surgiu no grupo: a plantação de um canteiro de chás e temperinhos...

Instituição: Colégio João XXIII, Porto Alegre.
Material: Relatório da Professora Renata Martelet.
Projeto: Portfólio de grupo.
Faixa etária: 4 a 6 anos.

Os registros evidenciam o quanto as diferentes áreas do conhecimento vão emergindo nas atividades que se integram não pela atividade em si, mas pelos processos mentais que se desencadeiam e que vão sendo percorridos.

Projetos pedagógicos na educação infantil **65**

Figura 5.2
Crianças, de 4 a 6 anos, montando um terrário. Colégio João XXIII, Porto Alegre.

DOCUMENTANDO E COMUNICANDO

Os materiais produzidos formam a memória pedagógica do trabalho e representam uma fonte de consultas para as demais crianças. É importante que o educador procure utilizar diferentes linguagens que organizem as informações com variedade de enfoques. Lipmann (1997) chama esse processo de tradução: a atividade de preservar o significado em diferentes contextos.

Depois de o material estar organizado, as crianças podem expô-lo recontando e narrando-o através de diferentes linguagens. A avaliação do trabalho desenvolvido é feita a partir do reencontro com a situação-problema levantada inicialmente, tendo por base os comentários e as descobertas feitas sobre o que foi proposto e o que foi realizado. Os dossiês, nesse caso, são estratégias de grande significado para a organização final dos projetos. É importante lembrar que cada finalização de projeto propõe novas perguntas e que estas podem ser utilizadas para encaminhar novos projetos, fazendo-se um exercício metacognitivo sobre a aprendizagem realizada.

Também para os pais o registro do que foi realizado em sala de aula possibilita descobrir o processo cognitivo de seu filho, vendo-o atuar em outro tipo de espaço social e valorizando a sua participação no trabalho escolar. Por todas essas razões, acreditamos que o trabalho pedagógico organizado através de projetos seja uma perspectiva didática muito adequada ao mundo, às escolas e às crianças contemporâneas. A documentação pedagógica e a sua relação com a avaliação será aprofundada no próximo capítulo.

Retomando o trabalho em torno do Ulisses...

Ulisses seguia em sua vida nova na Califórnia. Também nos enchíamos de interrogações e de dúvidas quando pensávamos: como estaria se pudesse viver em liberdade quando era pequeno?

Com essa interrogação, acaba o portfólio (pasta de trabalhos e registros) que cada criança tem de toda a história. Fecha-se o trabalho, mas não o projeto!

Instituição: Escola Isabel de Villena del Llogregat – Barcelona, Espanha
Projeto: Professora Mercê de Febre
Faixa etária: 3 anos.
Fonte: HERNÁNDEZ, F. *Transgressão e mudança na educação.* Porto Alegre: Artmed, 1998.

De volta o hamster para finalizar...

Por último, organiza-se uma exposição sobre a vida dos hamsters. Convidam-se os alunos do ensino fundamental da escola próxima, expõem-se os trabalhos, o processo vivido, o resultado das pesquisas e das entrevistas, produz-se um álbum gigante com fotografias, desenhos e textos. As crianças explicam o que já sabem sobre a vida dos hamster. Criou-se uma canção para cantar ao hamster e também cantá-la na exposição. Oferece-se a cada participante um pequeno guia, um panfleto elucidativo... Finalmente, e em celebração ao hamster, há uma surpresa, um teatro de fantoches, os quais foram confeccionados pelas crianças com a ajuda das educadoras, em que as crianças contam a história da Rita e do hamster que parecia ter morrido...

Nas palavras de Malaguzzi (1999), trabalhar com crianças significa estar em contato com poucas certezas e com muitas incertezas. O importante é a busca constante e a manutenção da linguagem de estar maravilhado que perdura nos olhos e nas mentes das crianças.

Muitos educadores preocupam-se em como escrever um projeto, quais são os itens necessários, etc. Em primeiro lugar, inicia-se com um esboço, e a documentação final é que realmente expõe a parte relevante do trabalho com projetos. Citaremos a seguir algumas estruturas que têm sido propostas por algumas escolas para que se possa pensar a esse respeito.

Estruturas alternativas de projetos

Afirmamos anteriormente que, quando se trata de elaborar um projeto, não existe uma única estrutura a ser seguida, nem tampouco um modelo predeterminado. Esta é uma ideia que desejamos deixar bem assinalada. Assim sendo, as sugestões que fazemos a seguir são algumas das possibilidades de estruturação que se somam a muitas outras, não explicitadas aqui. Cabe ressaltar que muito mais significativo e importante nessa metodologia é o relatório que vai sendo construído dia após dia e a documentação dos novos planos que vão sendo registrados, como podemos observar nos relatórios exemplificados ao longo deste capítulo.[*] Portanto, esse trabalho coletivo ilustra e representa tal faceta de construção conjunta entre professores e alunos.

Exemplo 1

Identificação

- Título.
- Instituição.
- Equipe.
- Duração.
- Situação problema inicial.
- Aprendizagem a construir.
- Material escolhido.
- Atividades e cronogramas.
- Modalidades de metacognição, sistematização e teorização.
- Modalidade de avaliação.

---

[*] As estruturas sugeridas nos cinco primeiros exemplos foram retiradas de relatórios realizados por alunos do curso de Pedagogia da Faced/UFRGS.

Exemplo 2

Planejamento do projeto

- Objetivos, tarefas necessárias, recursos possíveis.
- Realização das tarefas dos grupos.
- Realização final da jornada, objeto do projeto.
- Atividades e cronograma.
- Modalidades de metacognição, sistematização e teorização.
- Modalidades de avaliação.

Exemplo 3

Projetos de Ação

- Fundamentação.
- Objetivos.
- Participantes.
- Metodologia.
- Avaliação.

Exemplo 4

Projeto de Estudo

- Tema.
- Justificativa.
- Objetivos do projeto.
- Seleção das informações.
- Índice.
- Andamento do trabalho.
- Avaliação.

Exemplo 5

Projetos

- Escolha do tema.
- Índice.
- Fontes de informação.
- Dossiê.

Projetos pedagógicos na educação infantil **69**

Exemplo 6

Metodologia de projetos
Adriana Beatriz Gandin

- Incentivo (sensibilização).
- Formulação do propósito (objetivo).
- Elaboração cooperativa do plano.
- Desenvolvimento (realização das tarefas e atividades planejadas).
- Culminância.
- Avaliação e autoavaliação.

Momentos de um projeto

- Seleção e definição de um tópico ou problema.
- Planejamento das atividades.
- Desenvolvimento do projeto: levantamento de informações, organização das informações, experiências realizadas.
- Reflexão e sistematização.
- Conclusões e comunicação.

Etapas de um projeto

- Fundamentos.
- Localização.
- Eixo integrador.
- Justificativa.
- Objetivos.
- Temáticas.
- Estrutura e recursos.
- Avaliação.
- Conclusão.

Exemplo 7

Etapas de um projeto
(Josette Jolibert, 2006)

1. Planejamento do projeto, das tarefas a serem realizadas e das responsabilidades.
2. Realização das atividades.
3. Finalização do projeto.
4. Avaliação coletiva do projeto.
5. Avaliação das aprendizagens durante o projeto.

Exemplo 8

Projetos de Ação em Arte
Miriam Celeste Martins

1. Titulo do projeto.
2. Justificativa.
3. Objetivos.
4. Conteúdos.
5. Dinâmica:

   – Avaliação inicial: sondagem para o levantamento de repertório.
   – Encaminhamento de ações: avaliação contínua e replanejamento.
   – Sistematizações do conhecimento: finalização e avaliação somatória.

6. Avaliação do projeto pelos educandos e pelo educador.
7. Recursos necessários.

Além das diversas formas de estruturarmos um projeto, também são significativas as diferenças ao trabalharmos em projetos com crianças bem pequenas, que frequentam a creche, e projetos com crianças maiores, que frequentam a pré-escola. Esta é a discussão a ser enfocada no próximo capítulo.

6

DIFERENÇAS DE PROJETOS NA CRECHE E NA PRÉ-ESCOLA

Os projetos podem ser usados nos diferentes níveis da escolaridade, desde a educação infantil até o ensino médio. O que é importante considerar, *a priori*, é que cada um desses níveis possui especificidades e características peculiares que os vão distinguir em alguma medida: com relação ao grupo etário, à realidade circundante, às experiências anteriores dos alunos e dos professores. Porém, em sua essência, assim como qualquer tema pode ser abordado nessa perspectiva, também é possível utilizá-lo em qualquer etapa da escolaridade.

Com propósitos didáticos, para fins de uma melhor abordagem, vamos organizar este capítulo inicialmente em torno do trabalho com projetos com crianças pequenas na creche e, posteriormente, com as crianças maiores da pré-escola.

PROJETOS NA CRECHE

Entre os diferentes níveis de escolaridade, a creche aparece como aquele no qual muitos acreditam não ser possível trabalhar com projetos de trabalho. Alguns fatores corroboram para isso, como, por exemplo, o fato de essa etapa de ensino estar atrelada, na sua origem, às questões relativas somente a cuidados com a saúde e com a higiene e, consequentemente, não ser necessário preocupar-se com a aprendizagem. Nesse entendimento, as crianças muito pequenas não necessitariam de um trabalho didaticamente organizado, pois ainda não teriam condições de aprender. Com os avanços das pesquisas na área e em estudos de teóricos mais contemporâneos, tal crença mudou radicalmente. Os estudos de Piaget, Wallon e Vygotsky, entre outros, demonstram que as crianças aprendem desde que nascem.

A primeira infância, período que vai dos 0 aos 3 anos, é uma etapa que começa dominada pelos instintos e reflexos que possibilitam as primeiras adaptações e que se estendem pela descoberta do ambiente geral e pelo início da atividade simbólica. É o momento em que as crianças têm uma dependência vital dos adultos. O modo de viver e de manifestar-se, de conhecer e de construir o mundo, pauta-se na experiência pessoal, nas ações que realizam sobre os objetos e no meio que as circundam. Os primeiros anos de vida da criança estão marcados por uma constante busca de relações: as pessoas, os objetos e o ambiente são interrogados, manipulados, mediante uma atitude de intercâmbio interativo, juntamente com um processo de forte empatia.

Na creche, desde muito pequenas, elas aperfeiçoam as experiências que já existem e adquirem novas estratégias. Portanto, ao agir sobre o mundo, as crianças desenvolvem-se e constroem aprendizagens. Na abordagem de Wallon, o conceito de meio e suas implicações no desenvolvimento infantil são fundamentais: para ele, qualquer ser humano é biologicamente social e, por conseguinte, deve adaptar-se ao meio, no qual todas as trocas produzidas são a chave para as demais.

Com essas características, fica evidente que as crianças bem pequenas necessitam de um modo muito específico de organização do trabalho pedagógico e do ambiente físico. Nessa perspectiva, os projetos podem constituir-se em um eficiente instrumento de trabalho para os educadores que atuam com essa faixa etária. Segundo Vecchi (citado em Edwards, 1999):

> Defendemos a importância de um ambiente físico e pedagógico capaz de construir situações onde as competências inatas (que são muitas) das crianças possam explorar-se, entranhar-se, e favoreçam a elaboração de perguntas e teorias.

No depoimento a seguir transcrito, essas ideias ficam claramente evidenciadas.

Acredito que os projetos são formas didáticas de organização do trabalho da sala de aula que oportunizam aos professores uma prática pedagógica mais elaborada e adequada sob o ponto de vista do potencial de aprendizagem das crianças muito pequenas. Eles se configuram como maneiras

(continua)

(continuação)

de organização didática que pressupõem um produto final, objetivos gerais e específicos, uma sequência de atividades de trabalho e uma base teórica que sustente as práticas, visando a estabelecer princípios construtivistas. Tenho utilizado e reconstruído no berçário um projeto de trabalho que envolve três áreas do conhecimento: motora, afetiva e da linguagem. Nessa perspectiva, tenho trabalhado no sentido de desenvolver atividades que integrem essas áreas e incentivem o desenvolvimento geral das crianças. O que tenho percebido é que os projetos ordenam, resgatam, organizam e enriquecem as atividades cotidianas, além de serem instrumentos de registro que materializam as práticas e servem para uma constante avaliação e revisão das propostas pedagógicas nas escolas. O que é importante salientar é que os projetos devem ser pensados a partir do grupo real de crianças, suas potencialidades aparentes e experiências significativas vivenciadas, pois delas podem irradiar novas experiências e situações de ensino. Os projetos são valiosos porque imprimem na ação pedagógica do educador infantil a possibilidade de superação da dicotomia entre o cuidado e a educação, já que são elaborados a partir de objetivos que explicitam essa relação tênue e frágil, a qual precisa ser rompida e superada. Os educadores de crianças pequenas precisam ser instrumentalizados para compreender a potencialidade de seus pequenos alunos e com ela poderem intervir adequadamente.

Instituição: Escola Municipal Santa Rosa, Porto Alegre.
Material: Relarório da Professora Ana Isabel Lima Ramos.
Faixa etária: 0 a 2 anos.

Barbosa & Horn

Os projetos com bebês têm seus temas derivados basicamente da observação sistemática, da leitura que a educadora realiza do grupo e de cada criança. Ela deve prestar muita atenção ao modo como as crianças agem e procurar dar significado às suas manifestações. É a partir dessas observações que vai encontrar os temas, os problemas, a questão referente aos projetos.

Nos dois registros descritos a seguir, podemos exemplificar tais afirmações:

> Com base nas observações referentes às características das crianças, no que diz respeito ao contexto em que estão inseridas, sabendo que o desenvolvimento se dá através das interações entre o sujeito e o meio, dos sujeitos entre si, adultos e crianças, bem como das crianças entre si, procurou-se construir um projeto de trabalho que possibilitasse vincular a vida cotidiana das crianças à realidade e aos aspectos culturais de sua comunidade. O projeto Amigos do Rio nasceu assim da necessidade de explorar e conhecer o contexto escolar e também o local de moradia das crianças... A esse fator acrescenta-se o interesse das crianças por uma variedade de animais, manifestado através das histórias e das falas desses pequenos nos passeios que fazíamos pela ilha...o fato das famílias das crianças pertencerem a uma comunidade nativa composta por pescadores propiciou o tema estudado neste projeto: O peixe.
>
> *Instituição:* Escola Municipal Infantil Ilha da Pintada.
> *Material:* Artigo publicado pela Professora Monique Zamboni.
> *Faixa etária:* 1 a 2 anos.
> *Fonte:* Revista Projeto, ano 3, n.4, jun. 2001.

> O trabalho com a pedagogia de projetos na classe-bebê tem sido uma experiência encantadora, fascinante e desafiadora.
>
> Nossa escola vê o bebê como um sujeito histórico, social, cultural e único. Confiamos em suas capacidades e o acolhemos em sua individualidade e diversidade. Diante disso, não podemos pensar em outra proposta que não seja a pedagogia de projetos.
>
> Os projetos na classe-bebê surgem a partir de um olhar atento (recheado de afetividade e embasado pela teoria) do educador, que busca dar significado às diferentes manifestações dos bebês. Os temas dos projetos, assim, nascem da leitura que a educadora realiza do grupo e de cada criança em suas múltiplas linguagens: o movimento das mãos, o sorriso, o choro, os brinquedos preferidos, as formas com que os manuseiam, suas descobertas, etc.

(continua)

Projetos pedagógicos na educação infantil **75**

(continuação)

Neste ano, durante o período de adaptação, percebemos um "fascínio" do grupo pela música. Em nossas tardes, um dos momentos mais prazerosos tem acontecido quando cantamos e dançamos juntos. Nessa hora, todos, sem exceção, se aproximam. Alguns já pedem a música que desejam cantar utilizando a linguagem oral ou gestos que caracterizavam a canção. Há também os que buscam a cesta com instrumentos para acompanhar as músicas e oferecem aos colegas. Alguns batem palmas e mexem o corpo no ritmo da música.

Com base nessas observações, estamos vivenciando na turma nosso primeiro projeto pedagógico: "A música na vida dos bebês". Através de um repertório diversificado, exploramos o desenvolvimento da sensibilidade e da inteligência musical, favorecendo a construção da linguagem expressiva e simbólica. Nossas tardes têm sido embaladas por diferentes estilos musicais: valsas, bolero, tango, música clássica, bossa nova... Estamos conhecendo vários instrumentos musicais. Os bebês ficaram encantados com o som da harpa e do berimbau, por exemplo, e divertiram-se "tocando" teclado e violão. Além disso, a visita de músicos em nossa sala nos tem proporcionado a possibilidade de cantar, dançar e apreciar as músicas tocadas.

Recebemos, por exemplo, o Eduardo, pai da Luísa, que tocou violão e cantou para o grupo as músicas que eles pediam: "A canoa virou", "Parabéns", "O sapo não lava o pé", "Brilha, brilha estrelinha", entre outras. O Paulo, pai do Yuri, colega do maternal, é professor de capoeira e nos deu uma verdadeira aula de berimbau! A Kelly, professora de música da educação infantil e parceira nesse projeto, tem nos auxiliado na construção de vários instrumentos musicais.

Ainda nesse projeto, estamos conhecendo a música preferida de cada integrante do nosso grupo e nos divertimos muito dançando e cantando cada uma delas. Por fim, estamos filmando muitos desses momentos com o objetivo de registrar tudo em um DVD para que nosso projeto torne-se realmente inesquecível. Muitas outras atividades vão surgindo no decorrer do projeto em meio a surpresas, aventuras e aprendizagens. E o gostoso de trabalhar dessa forma é, justamente, essa abertura para o novo, o inusitado, o imprevisível.

Afinal, consideramos impossível dissociar o aprender do viver, e a vida é assim: surpreendente!

Instituição: Colégio João XXIII, Porto Alegre.
Material: Relatório da Professora Anete Esteves Sant'Anna.
Faixa etária: 0 a 2 anos.

O trabalho com essa faixa etária, como já afirmamos antes, requer como uma tarefa fundamental da educadora a de organizar o espaço: interno (da sala de aula) e externo (do pátio). Esse espaço deve incentivar e estruturar as experiências corporais, afetivas, sociais e as expressões das diferentes linguagens da criança. O ambiente bem-estruturado, mas flexível e passível de mudanças, deverá prever a possibilidade de os materiais também se modificarem ao longo do ano, acompanhando a trajetória do grupo, ou seja, suas novas aquisições, suas necessidades e seus interesses. O ambiente, isto é, a sala das crianças deve ser vista como um educador auxiliar que provoca aprendizagens: pode haver nessa sala materiais como caixas, instalações, tendas, tapetes, almofadas, cestas para jogo de manipulação, materiais vindos da natureza, bonecos, brinquedos de construção, trapos de pano, bolas de tamanhos e materiais diversos.

Nos registros transcritos por uma professora de berçário, podemos entender com bastante clareza como a organização do espaço pode ser um "segundo educador":

> Como educadora de um grupo de bebês (de 4 meses a 2 anos), que vivem um momento no qual a fala e a locomoção apresentam-se como seus grandes desafios e conquistas, tenho consciência de que uma de minhas tarefas mais importantes é saber organizar o espaço tanto interno (sala de aula) quanto externo (pátios).
>
> Parto do princípio de que cada bebê é um ser único e, portanto, precisa ser atendido em sua individualidade, mas é também um ser histórico, social e cultural, constrói conhecimento através das inúmeras interações que realiza com os adultos, com as outras crianças e com o meio físico e social.
>
> Por isso, preocupo-me em possibilitar aos bebês a construção de vínculos afetivos para que possam sentir-se confiantes e seguros no ambiente escolar. Aliado a isso, organizo o espaço para que seja seguro e desafiador, bem como flexível o suficiente para transformar-se à medida que se modificam e evoluem as potencialidades das crianças.
>
> É nesse ambiente rico em lugares e histórias significativas que os bebês desenvolvem suas capacidades motoras, afetivas, compreensivas, expressivas e relacionais. Percebo o espaço como meu grande aliado, um educador auxiliar e, muitas vezes, um provocador de aprendizagens.
>
> Acredito que meus alunos aprendem enquanto interagem nesses espaços e, como mediadora, não necessito estar todo o tempo com eles à minha volta e sob o meu olhar. Assim, "visito" os cantos e recantos da sala, enquanto os bebês transitam livremente nesses espaços. Interajo muitas vezes com pequenos grupos, observando, preparando desafios, trazendo coisas novas para aquele ambiente ou, ainda, simplesmente mergulho junto na brincadeira.
>
> É justamente nesses momentos de escuta atenta e observação, enquanto circulo pelos espaços, que percebo os interesses e as necessidades de meu grupo e surge um novo projeto. Não consigo imaginar como realizar esses projetos sem contar novamente com o espaço como meu aliado!
>
> Em casa, quando estou planejando uma atividade do projeto, pode ser um jogo, uma música, uma história, vou visualizando o espaço de minha sala, como uma tela, e começo a pensar no lugar mais adequado para atividade, o que preciso modificar ou não nesse espaço...

(continua)

(continuação)

Nos momentos em que reúno o grupo todo para propor uma atividade do projeto, por exemplo, tenho consciência de que a forma como as crianças participarão, o tempo de concentração, a exploração dos objetos serão diferentes para cada criança, e é isso que enriquece meu trabalho, me desafia e encanta. Ainda bem que posso contar novamente com o espaço como parceiro.

Gostaria de citar como exemplo uma atividade realizada no projeto "A música na vida dos bebês". Reuni o grupo e sentamos todos em uma rodinha em cima de nosso colchonete. Os bebês haviam trazido de casa diferentes potes e caixas de metal, plástico, isopor, papelão, madeira e outros materiais. Haviam trazido também conchinhas, sinos, pedras e tampinhas. A proposta inicial feita por mim e pela professora de música foi explorar o material. Os bebês divertiram-se explorando as formas mais variadas: empilhando, jogando, enfileirando, brincando de dar comidinha às bonecas e colegas, fazendo sons diferentes. Depois propomos fazer chocalhos utilizando esse material.

Nesse momento, alguns bebês ficaram encantados ao colocar os materiais trazidos de casa nos potinhos e construir os chocalhos. Outros foram com alguns potes para o cantinho das bonecas e começaram a preparar no fogão a comida para suas "filhas" usando os potes. Dois bebês foram para um lugar da sala que chamamos de "esconderijo", pois fica localizado embaixo do escorregador de madeira. É um lugar aconchegante, cheio de frestas por onde os bebês podem espiar, um verdadeiro "esconderijo". Para lá eles levaram potes de diversos tamanhos e podíamos ouvir suas risadas, empilhando e derrubando esses potes.

Um outro bebê afastou-se por um tempo da atividade e foi pedir a mamadeira para minha auxiliar, indo deitar-se na rede para tomá-la. Outro, ainda, brincava com o som de um chocalho já pronto, enquanto fazia caretas na frente do espelho. Tenho certeza de que todos, ao seu modo, vivenciaram intensamente a atividade e de que ela só pode acontecer, com toda essa riqueza, graças ao espaço.

Sei que preciso propor atividades desafiadoras, interessantes, significativas, mas não tenho a pretensão de vê-los todos envolvidos nessa atividade e não posso calcular o tempo de cada um, nem toda a variedade de interações que a atividade irá proporcionar. Por isso, conto novamente com esse "outro educador" que é o espaço.

Ainda durante esse projeto, os bebês lembraram-me que o espaço da sala de aula não é propriedade minha e que, portanto, preciso organizá-lo em parceria com meus alunos, mesmo que sejam bem pequenos. Recordo-me que coloquei os instrumentos musicais que estávamos confeccionando em uma cesta próxima aos livros de história, julgando ser o lugar mais apropriado para guardá-los. Era acessível a todos, ficava perto do colchonete, parecia perfeito, mas isso era realidade só para mim, como pude perceber...

Comecei a ver que a cesta criava "pernas", andava pela sala. Por mais que eu insistisse em colocá-la no lugar que tinha escolhido, ela sempre estava próxima ao nosso brinquedo de madeira com rampas e escorregador, aquele do esconderijo, que já descrevi. Os bebês gostavam de reunir-se no

(continua)

(continuação)

esconderijo para explorar os instrumentos e de subir e descer na rampa com eles; portanto, os levavam para lá. Nem preciso dizer que, quando percebi meu erro, sentei com o grupo e combinamos o local para a nossa cesta de instrumentos ficar: bem próximo ao brinquedo de madeira, é claro!

Nesse projeto, assim como em todos que trabalhamos, preocupamo-nos também em pensar que o espaço não se restringe às dependências da escola, mas ultrapassa seus muros. Saímos com os bebês para visitarmos museus, teatros, a Bienal do Mercosul, a casa de colegas, o trabalho dos pais, uma escola de natação e tantos outros locais significativos que falam da história e da cultura das crianças.

Perceber as múltiplas linguagens dos bebês e as "dicas" que eles nos dão quanto às constantes modificações em nosso espaço, fazê-lo "pulsar", acompanhando a vida da escola, sensível à história pessoal e coletiva do grupo que ali convive, é uma tarefa desafiadora e gratificante para mim.

Como diz Loris Malaguzzi (citado em Edwards, 1999):

> Valorizamos o espaço devido a seu poder de organizar, de promover relacionamentos agradáveis entre pessoas de diferentes idades, de criar um ambiente atraente, de oferecer mudanças, de promover escolhas e atividades, e a seu potencial para iniciar toda espécie de aprendizagem social, afetiva e cognitiva. Tudo isso contribui para uma sensação de bem-estar e segurança nas crianças. Também pensamos que o espaço deve ser uma espécie de aquário que espelhe as ideias, os valores, as atitudes e a cultura das pessoas que vivem nele.

Instituição: Colégio João XXIII, Porto Alegre.
Material: Relatório da Professora Anete Esteves Sant'Anna.
Faixa etária: 0 a 2 anos.

Um projeto pode iniciar durante as atividades de exploração dos materiais da sala. O educador observa, anota dados relevantes – data, criança, espaço, materiais, canais sensoriais, tipo de jogo – e, após um período inicial de observação, pode preparar um projeto. Vídeos e fotos das ações das crianças também auxiliam na coleta de informações sobre o grupo, pois nessa faixa etária o projeto escrito é muito mais uma necessidade do educador do que das crianças. E, mesmo após refletir sobre uma proposta de projeto e iniciar as atividades, é importante que o professor saiba que este será modificado de acordo com as situações, com as crianças e com o retorno das famílias.

Nessa faixa etária, é fundamental considerar que as coisas importantes da vida a serem descobertas e conhecidas são a procura do olhar, o ser correspondido, o sorrir, a conversa (seja ela qualquer tipo de relação vocal), o tocar (contato motor), o contato físico, a retenção de um objeto

Projetos pedagógicos na educação infantil **79**

Figura 6.1
Espaços para subir,
esconder-se, jogar e dormir.
Classe BB do Colégio João
XXIII, Porto Alegre.

80 Barbosa & Horn

(dar, oferecer), o imitar, o esconder, os jogos de linguagem, os jogos de manipulação, as músicas, as saídas para o espaço externo, as festas, a vida em grupo. As atividades de sobrevivência, como alimentar-se, banhar-se, brincar, dormir, comunicar-se verbalmente e relacionar-se com os companheiros, também são as grandes aprendizagens desse grupo etário.

A construção de projetos para crianças pequenas pode ter durações diferenciadas, sendo possível pensar em projetos que durem um dia ou talvez uma semana. Isso dependerá do envolvimento do grupo. Nos estágios supervisionados da Faculdade de Educação da UFRGS, encontramos projetos cujas denominações dão pistas de seus conteúdos: O prazer do banho, Mais que um jogo, O passeio, Os jogos de movimento, As histórias que me contam, Caixas, caixinhas e caixotes, Rolando com garrafas, Quem é que está aí?, Nossas canções preferidas, Na caixa de areia, Os fantoches nos divertem. Em uma escola de Barcelona, por exemplo, os projetos foram planejados para um ano, durante as olimpíadas, realizados com crianças de berçário e maternal. Durante o período prévio a realização da olimpíada as crianças foram experenciando situações relacionadas às diferentes modalidades esportivas por terra, por água e por ar. Assim, o grupo vivenciou momentos na piscina, na cancha de areia, dentre outros locais.

Estes exemplos evidenciam a importância de colocarmos as crianças desde muito pequenas junto a uma multiplicidade de desafios.

> Toda a criança é um artista ao seu modo. Precisamos oferecer um "monte" de possibilidades... muitos materiais, muitas linguagens... pois possuir muitas linguagens significa ter muitas possibilidades para exprimir-se. Malagussi (citado em Edwards, 1999).

PROJETOS NA PRÉ-ESCOLA

A segunda infância, período que vai dos 3 aos 6 anos, é caracterizada por ser um momento importante de formação da criança. Nesse período, elas têm aumentadas as suas motivações, seus sentimentos e seus desejos de conhecer o mundo, de aprender. Sem exagero, pode-se dizer que elas quase explodem de tanta curiosidade. Então, o adulto deverá desempenhar um papel desafiador, povoando a sala de aula com objetos interessantes, bem como ampliando e aprofundando as experiências das crianças. O fato de elas terem muito desenvolvida sua oralidade, ter domínio do seu próprio corpo, faz seu rol de experiências aumentar cotidianamente, o que possibilita sua participação ativa não somente com relação ao surgimento das temáticas, mas também na construção do projeto. Esta é uma das diferenças de abordagem com relação ao trabalho com projetos na creche.

O trabalho organizado desse modo abre a possibilidade de aprendermos utilizando diferentes linguagens. Primeiro, porque sabemos que todas as linguagens são importantes e que cada ser humano tem maneiras de aprender que levam em conta características diferenciadas. Assim, essa metodologia inova ao facilitar a emergência de problemas que envolvem diferentes linguagens tanto do ponto de vista da forma quanto do conteúdo. Podemos aprender, por exemplo, sobre os diferentes tipos de ritmos da América Latina e, a partir disso, reconhecer boleros, rumbas, salsas, milongas, samba, etc., aprendendo quais são os instrumentos e como estudá-los.

Convém estarmos atentos para o fato de que as crianças dessa idade tendem, muitas vezes, a querer estudar assuntos que já conhecem, e é papel dos educadores auxiliá-las ampliando as possibilidades de conhecerem mais sobre o tema desejado, encontrarem outros pontos de vista sobre o assunto, construírem desvios e criarem um ambiente que estimule os novos conhecimentos.

Na roda de histórias, o encontro com as abelhas....

Certo dia, ao sentarmos na roda para a leitura de mais uma nova aventura da Rosa Maria no Castelo Encantado, nos deparamos com alguns personagens curiosos: "as abelhas".

Nesse dia, a verdadeira "leitura" que fiz foi a de observar o interesse e a empolgação dos diversos relatos sobre esse pequeno, porém tão fascinante animal. Todos queriam contar suas vivências sobre picadas, colmeias, a importância do mel para a saúde, vizinhos apicultores, enfim, socializar experiências que, sem dúvida, seriam a temática de um novo encaminhamento de projeto a ser explorado pelo grupo. Através de pesquisas realizadas junto às famílias, em sala de aula, no Laboratório de Ciências e em visita de profissionais da área, conhecemos sua constituição, seu hábitat, a reprodução da espécie, na classificação e as formas de se organizarem em um ecossistema onde todos possuem sua função para a harmonia da colmeia. Muitas foram as aprendizagens em vários âmbitos do conhecimento, pois ouvimos e recontamos histórias, dramatizamos, jogamos, cantamos, pintamos, construímos com diversos materiais, nos deliciamos com receitas culinárias e provamos muito mel!!! O projeto privilegiou a área das ciências, sendo que as pesquisas, as observações e os registros aconteceram como forma de investigação, sistematização e socialização de conhecimentos.

A curiosidade pelo projeto das abelhas suscitou no grupo um espírito investigador, de constante pesquisa e observação. Construímos um espaço específico para colocar os materiais e recursos que foram trazidos pelas crianças ao longo do estudo. Enciclopédias, recortes de jornal, revistas, artigos,

(continua)

(continuação)

livros científicos e literários, pesquisa de *sites*, bem como favos de mel, abelhas, lupas, roupas próprias de apicultores, fotos, etc., todos esses materiais foram suporte para muitos questionamentos e encaminhamentos ao longo do projeto.

"Quanto maior a abelha mais perigosa ela é?", perguntou Matheus F. em uma roda de discussão. Heloísa queria saber: "A abelha rainha é maior ou menor que o zangão?". Leonardo P. ficou curioso: "Será que a abelha prova o próprio mel?".

Segundo Vinícius Signorelli (1995):

> [...] as crianças percebem dois aspectos do conhecimento científico em momentos diferentes do processo de evolução da inteligência. Em um primeiro momento, predomina a visão das ciências como conhecimento sobre a natureza, o que as ciências não dedutivas realmente são. Em outros momentos, as crianças vão percebendo que existem regras, critérios, métodos, lógicas, e que essas coisas também fazem parte do conhecimento científico.

Como sistematização e socialização de tudo o que aprendemos, propus uma gincana que foi dividida em dois momentos. As crianças organizaram-se através de sorteio em quatro grupos de quatro integrantes e receberam as tarefas de responder a questionamentos e dramatizar algumas descobertas sobre o mundo das abelhas.

O conteúdo questionado foi retirado do nosso dossiê, construído individualmente no decorrer da exploração das pesquisas, enquanto a temática das dramatizações foi inspirada nas curiosidades das próprias crianças por ocasião da visita dos apicultores indicados pelas famílias de Matheus F. e Leonardo P.

Instituição: Colégio João XXIII, Porto Alegre.
Material: Relatório da Professora Renata Martelet.
Faixa etária: 4 a 6 anos.

Por fim, podemos ponderar que esse tipo de trabalho prevê a possibilidade de desenvolvermos simultaneamente mais de um projeto. Algumas vezes, as escolas têm projetos que duram um longo tempo, como, por exemplo, o "Adote um escritor", em que cada escola de uma rede municipal fica encarregada de pesquisar a obra de um autor ou ilustrador. Além desse projeto proposto pelo sistema de ensino, a própria direção da escola poderá organizar um projeto relacionado ao meio ambiente. A professora, por sua vez, pode ter um projeto em andamento sobre "a vida nos castelos" e, a partir de uma situação nova, desencadear ainda outro projeto que pode ser um subprojeto dos castelos ou algo completamente inusitado.

Um projeto deve ter caminhos diversos. Com as crianças pequenas, é preciso planejar algumas atividades em grande grupo e depois dividi-los

Projetos pedagógicos na educação infantil **83**

Figura 6.2
Registros dos alunos, de 4 a 6 anos, da professora Renata Martelet, sobre o projeto desenvolvido em torno dos animais marinhos. Colégio João XXIII, Porto Alegre

em pequenos grupos de trabalho para que realizem atividades paralelas e/ ou complementares nos laboratórios, ateliês e cantos. O resultado final do trabalho dos diversos grupos deve ser conhecido e discutido pelo grande grupo em um momento posterior. É importante destacar, porém, que o ponto de partida será sempre o diálogo, buscando-se detectar o que elas já sabem sobre o tema a ser estudado. Uma das características que devem ser destacadas é a de que, durante o desenvolvimento do projeto, as crianças e os educadores estão constantemente planejando cooperativa e solidariamente, decidindo caminhos e propondo atividades que abordem e alimentem a temática a ser estudada.

Essa visão de organização do trabalho pedagógico considera as crianças como coautoras do seu processo de aprendizagem, tirando-as do lugar de passividade que a escola as têm colocado para um papel ativo e participativo. Quando trabalhamos com projetos, construímos na verdade uma comunidade de aprendizagem, na qual o professor, as crianças e suas famílias são igualmente "protagonistas". No próximo capítulo, estas questões serão melhor discutidas.

7

COMUNIDADE DE APRENDIZAGEM

Uma das grandes contribuições da pedagogia de projetos é a sua dimensão social. Quem aprende quando uma escola propõe um trabalho com projetos? Aprendem os alunos, os professores, os funcionários, os pais, as instituições, a sociedade, isto é, toda a comunidade troca informações, cria conhecimentos comuns, formula perguntas e realiza ações. Trabalhar com projetos é criar uma escola como uma instituição aberta, onde os sujeitos aprendem uns com os outros e onde as investigações sobre o emergente têm um papel fundamental. É preciso transformar a escola em uma comunidade de investigação e de aprendizagens. Um espaço onde há invenção e descoberta por toda a parte, estimulando o pensamento renovado em todas as áreas. O percurso de construção de um projeto não é apenas uma forma, mas também é conteúdo de aprendizagem – de solidariedade, de argumentação, de negociação, de trabalho coletivo, de escolhas.

O PROFESSOR NA PEDAGOGIA DE PROJETOS

A pedagogia de projetos oferece aos professores a possibilidade de reinventar o seu profissionalismo, de sair da queixa, da sobrecarga de trabalho, do isolamento, da fragmentação de esforços para criar um espaço de trabalho cooperativo, criativo e participativo. "O professor passa a ocupar o papel de cocriador de saber e de cultura, aceitando com plena consciência a 'vulnerabilidade' do próprio papel, junto à dúvida, ao erro, ao estupor e à curiosidade" (Rinaldi, 1994, p.15).

Os projetos demandam a criação de uma escuta atenta e de um olhar perspicaz, isto é, uma desenvolvida capacidade de observar, de escutar do docente para ver o que está circulando no grupo, quais os fragmentos que

86 Barbosa & Horn

estão vindo à tona, quais os interesses e as necessidades do grupo. É preciso ainda conhecer e registrar os modos como cada criança se envolve e participa na construção dos conhecimentos propostos em um projeto. Essa observação é permeada pela subjetividade do educador, pois observar não é perceber a realidade, mas sim construir uma realidade. A análise dos registros ajuda a interpretar as mensagens que estão dando sentido para as crianças e significado para a vida do grupo.

A pedagogia de projetos também possibilita tratar o trabalho docente como atividade dinâmica e não repetitiva. O professor pode repensar a sua prática, atualizar-se e transformar a compreensão do mundo pelo estudo contínuo e coletivo sobre diferentes temas, juntamente com as crianças. É possível revisar seu modo de ensinar e, com isso, transformar a própria história como sujeito educador. Analisar metacognitivamente o processo de aprendizagem realizado pelo grupo, avaliar e reinstrumentalizar para continuamente qualificar o seu ofício. A vida cooperativa que se estabelece na sala de aula ajuda o professor a sair da sua solidão, já que ele passa a compartilhar tarefas, a coproduzir estratégias pedagógicas, a criar e a aprender.

Ao professor cabe prioritariamente criar um ambiente propício em que a curiosidade, as teorias, as dúvidas e as hipóteses das crianças tenham lugar, sejam realmente escutadas, legitimadas e operacionalizadas para que se construa a aprendizagem. Pode-se complementar essa ideia com o conceito de comunidade de investigação, que é um espaço onde há descoberta e invenção por toda a parte, estimulando, assim, o pensamento renovado em todas as áreas. É preciso que a sala de aula e a escola em sua totalidade tornem-se uma comunidade de investigação, na qual as crianças possam aprender umas com as outras e dialogar não só com os professores, mas também com os textos, os materiais, as atividades, criando conhecimentos e significados com solidariedade social.

Independentemente do trabalho com as crianças, é tarefa do educador articular o tema com os objetivos gerais previstos para o ano letivo ou ciclo e realizar uma previsão dos conteúdos que podem vir a ser trabalhados, inclusive atualizar-se em relação ao tema, discuti-lo com os outros educadores da escola e ampliar seus conhecimentos, apresentando propostas de trabalho para o grupo. Além disso, deve selecionar os conhecimentos centrais e não transmitir rapidamente os conhecimentos da área. O ensino gera uma série de processos de desenvolvimento que, de outro modo, não seria possível despertar nas crianças, isto é, o ensino precede e estimula o desenvolvimento mental da criança. O papel do docente é também ser aquele que registra, que cria a memória: "(...) facilitar a narração, fazer que flua, recapitular, recordar o que já dissemos, os acordos que fizemos, as bifurcações, os pontos de encontro, o que ainda temos por percorrer" (Anguita e Lopez, 2004).

Ser professor, como tantas outras profissões, não e só estar na escola na hora da aula, é ter outro tipo de presença. É paixão, é encantamento com o mundo e as pessoas. É ligar o mundo e o conhecimento à vida dos alunos na escola "O professor ao olhar e ver qualquer coisa como um filme, um livro, um quadro, procura formas de articular com a escola".

Ao professor cabe oferecer as estruturas narrativas da tradição, mas também observar a emergência do novo, conectar os conhecimentos da realidade dos alunos aos conhecimentos científicos, ser um articulador, um membro mediador que oferece os apoios indispensáveis, tal como os andaimes de Jerome Bruner, para que as crianças o utilizem na construção de seu processo, mas assim que possível possam dispensar a centralidade da presença do educador. Seu papel junto ao grupo será o de intermediar as ações das crianças e os objetos do conhecimento.

AS CRIANÇAS E O GRUPO NA PEDAGOGIA DE PROJETOS

Para o grupo de alunos, os projetos propiciam a criação de uma história de vida coletiva, com significados compartilhados. Eles estimulam a aprendizagem do diálogo, do debate, da argumentação, do aprender a ouvir outros, do cotejar diferentes pontos de vista, do confronto de opiniões, do negociar significados, da construção coletiva, da cooperação e da democracia. As crianças engajam-se nas próprias aprendizagens, na construção do conhecimento, no desenvolvimento de novas habilidades e no aperfeiçoamento daquelas já dominadas, no prazer de expor o seu saber, no ver e sentir as controvérsias e na construção de uma visão coletiva.

A construção de um grupo de aprendizagem que colabora, que se envolve com as tarefas, que é corresponsável pelo empreendimento coletivo, define uma efetiva participação no grupo. Cabe salientar ainda que as crianças podem criar projetos individualmente, em pequenos grupos ou em duplas, ou mesmo em grande grupo. Cada um pode ser diferente, ter seus interesses, mas é preciso aprender a conviver e aprender com os limites da vida coletiva.

A pedagogia de projetos vê a criança como um ser capaz, competente, com um imenso potencial e desejo de crescer. Alguém que se interessa, pensa, duvida, procura soluções, tenta outra vez, quer compreender o mundo a sua volta e dele participar, alguém aberto ao novo e ao diferente. Para as crianças, a metodologia de projetos oferece o papel de protagonistas das suas aprendizagens, de aprender em sala de aula, para além dos conteúdos, os diversos procedimentos de pesquisa, organização e expressão dos conhecimentos.

Juana Romero (2004), uma ex-aluna de escola espanhola que tinha seu projeto pedagógico fundamentado no uso de projetos, avalia como essa proposta de trabalho marcou a sua vida escolar e como contribuiu para o seu ingresso aos estudos universitários. Diz ela que o fato de ter trabalhado com projetos durante a escola fundamental e média deu-lhe maior preparação para fazer os trabalhos acadêmicos na universidade, apresentá-los com fluidez e agilidade, concretizar as sua ideias e saber relacioná-las, ter uma inimaginável curiosidade sobre o mundo e o saber, além de verificar continuamente a sua autonomia como aprendente. Destaca-se, ainda, o fato de ter autoconfiança e trabalhar com conceitos abertos, que compõem novas conexões, ampliando conhecimentos e garantindo a inclusão na rede de saberes previamente adquiridos.

Para as crianças, trabalhar com projetos é também aprender a trabalhar em grupo e experimentar a aprendizagem como uma função intersubjetiva, acompanhando as tendências da ciência e da tecnologia de construção coletiva do conhecimento, criando uma cultura de aprendizagem mútua. Muitas habilidades e capacidades são desenvolvidas na execução de projetos: flexibilidade, organização, interpretação, coordenação de ideias, formulação de conceitos teóricos, antevisão de processos, capacidade de decisão, verificação da viabilidade dos empreendimentos, decisão sobre elas, mudança de rumos, desvendamento do novo, ampliação de conhecimentos e garantia de inclusão na rede de saberes previamente adquiridos.

Com os pequenos, pode-se partir do conhecimento empírico por meio de visitas, observações, experimentos, dramatizações, formulação de texto coletivo e descrição de eventos imaginários, deslocando-os para um contexto de generalização, de abstração. Passar do concreto ao simbólico e ao teórico e, através da linguagem, não apenas expressa, mas também circunscreve os modos em que se deve interpretar a experiência. Múltiplas linguagens podem ser usadas, como a visual, verbal, escrita, matemática, musical, corporal, que são continuamente ampliadas pelo uso de novas tecnologias da informação e da comunicação. Ao acompanhar o processo de desenvolvimento dos projetos, as crianças vão construindo formas pessoais de registro e documentação, uma singularidade para aprender a estudar, descrever, criar uma memória e uma versão, materializar para poder contribuir mostrando a sua obra. A experiência de aprendizagem dos conhecimentos por meio da vida coletiva alarga o conhecimento, enriquece o espírito e oferece significação mais profunda à vida.

AS FAMÍLIAS E A COMUNIDADE

Hoje em dia, apesar de muitas escolas resistirem às mudanças e manterem uma série de preceitos e práticas educativas extremamente convencionais, a própria dinâmica da vida das sociedades contemporâneas, com as novas características da infância e da adolescência, seus interesses e suas necessidades, aponta para a urgente modificação da forma de estruturar e organizar a vida escolar.

A crítica realizada até agora à escola não significa que ela não tenha um papel importante em nossa sociedade. Ao contrário, ela é fundamental para que não aprofundemos, mais ainda, as diferenças entre as pessoas. A escola possui extrema força social e grande poder político, constituindo uma necessidade da democracia. Há que criar homens e mulheres que saibam pensar, falar, criticar e construir relações de ajuda, apoio, confiança, colaboração e alternativas fraternas de vida, pois certos conhecimentos são necessários para que se possa adquirir a cidadania e não perder a liberdade.

Para que a escola tenha sentido na vida das crianças e dos jovens, é preciso que ela seja construída a partir dos signos específicos de cada comunidade integrada aos significados mais amplos da cultura universal. Compete a cada escola e a cada grupo de alunos construir seu próprio projeto pedagógico. Nesse sentido, pensar a escola como comunidade educativa, que inclui em seus projetos a participação da família e da comunidade, significa ampliar as fronteiras sociais. É preciso ver esse espaço educativo na contemporaneidade como lugar de criação cultural e não apenas de divulgação de saberes; de experimentação e não de sacralização do instituído; de procura de sentidos e não de fixação e padronização de significados. O ensino perde seu caráter mecânico e arbitrário para converter-se na aprendizagem do funcionamento da vida.

As comunidades educativas são organizações ou instituições concebidas como espaço social de construção interativa de valores, de conhecimentos e de promoção de uma comunicação intersubjetiva assentada em um sentimento de partilha e pertencimento coletivo com significados compartilhados. Formosinho (s.d.) divide as comunidades educativas em dois tipos: a comunidade educativa nuclear composta por professores, funcionários, alunos e suas famílias, e a comunidade educativa ampla representada por pessoas da comunidade, das associações culturais, científicas e outras que estejam interessadas no processo educativo e na comunidade em geral.

Nessa perspectiva, a comunidade educativa precisa tornar-se uma comunidade de aprendizagem aberta, onde os indivíduos aprendem uns com os outros e onde as investigações sobre o emergente têm, nessas trocas, um papel fundamental. Deparar-se com os costumes, flexibilizar ações dadas como naturais nas escolas, orientar a escola em direção a um modelo fraterno – pressupondo a reciprocidade de influência entre todos os envolvidos, ou seja, uma comunidade de aprendizagem, requer uma escola de investigação promotora do crescimento autêntico da criança por meio da gestão do seu conhecimento.

Segundo Tonucci (1986), a criança examinará na escola suas experiências, conhecerá seu ambiente e recuperará sua história. Nesse processo, as diversas técnicas e as diversas linguagens são usadas, por assim dizer, para verificar, para apropriar-se da realidade, para dar-lhe a conhecer aos demais e para reconhecer-se com os outros.

A participação dos pais torna-se uma parceria valiosa em todos os sentidos. Para que eles possam acompanhar os trabalhos escolares, é importante que a escola os mantenha informados sobre os projetos que estão sendo realizados pelas crianças e os temas estudados para que possam participar na seleção e no envio de materiais, na proposição de experiências, na partilha dos saberes. A comunidade e, em especial, os pais são, portanto, ótimos parceiros de estudo e informantes para as crianças. Essa comunicação pode ser feita por meio de reuniões, bilhetes e/ou cartazes afixados na sala de aula ou no *hall* de entrada da escola, estabelecendo, assim, um processo de comunicação e interlocução. Em um trecho retirado dos registros de uma professora, podemos ilustrar com mais clareza o que afirmamos (Febrer, 2004, p.53).

> Têm três, quatro ou cinco anos e já pedem para comprar o jornal, consultam a enciclopédia em casa, reconhecem a obra de Miró e tornam-se sócios da biblioteca do bairro porque necessitam buscar informações sobre o tema que estudam em suas salas de aula. Seus pais avivam sua capacidade para aprender e escutam as conversas infantis para descobrir como pensam e se movem seus filhos.

Os modos como a escola e a professora olham, escutam, relacionam-se com as crianças produzem nos pais e nas mães outros modos de olhar, sentir, conversar e dialogar. E isso é educação social.

Do encontro com Erico Verissimo...

Erico Verissimo entrou nas nossas vidas através das idas à biblioteca da escola. Nosso primeiro contato foi com a sua coleção. Fiz comentários sobre sua obra e um pouco da sua biografia. Prometi trazer-lhes mais informações e escolher uma de suas narrativas para iniciarmos uma leitura um pouco diferente das quais estávamos habituados. Segundo Josette Jolibert (1994):

(continua)

(*continuação*)

"Antes mesmo de ter o texto sob os olhos, as crianças coletam muitos indícios:
* Por que caminho o texto chegou à aula?
* Em que momento?
* Qual a natureza do suporte?
* O texto é ilustrado?
* O texto contém, ou não, grande número de linhas?
* Existem palavras conhecidas?

[...] pouco a pouco, as crianças relacionam as diversas formas de escrita, estabelecem relações, constroem hipóteses e as verificam com o texto".

Lembro-me do comentário do Eduardo:

"Rê, minha mãe já leu um livro do Erico Verissimo que não é de criança." Ao apresentar o livro às crianças, exploramos a estrutura do texto e logo alguns perceberam que havia "muita letra" e "poucos desenhos". Foi então que expliquei que a história seria contada de um jeito diferente e que teria uma surpresa a cada parte lida. A linguagem literária aliada ao universo simbólico foi, sem dúvida, o grande estímulo para o desenvolvimento e o sucesso de toda a nossa caminhada como grupo.

Após a primeira leitura, já pude questionar-lhes sobre a personagem principal e suas riquíssimas características, sobre quem era o narrador (aquele que estava contando a história) e aonde aconteceriam as aventuras. Surpreendentemente, as crianças foram apropriando-se do enredo com muito entusiasmo, realizando verdadeiros recontos coletivos com muita fidelidade.

Um dos recursos que facilitaram a apropriação do texto por elas foi a representação das cenas mais inusitadas, peculiares e até muito engraçadas. A identificação dessas partes foi claramente observada na reação das crianças após a leitura de cada aventura. Ficavam eufóricas, riam muito, comentavam todas ao mesmo tempo e, principalmente, realizavam ensaios representativos de maneira informal, escolhendo instantaneamente personagens para simbolizar. As riquíssimas analogias criadas por Erico Verissimo possibilitaram explorar uma diversidade de aspectos. Observadoras, as crianças foram alimentando-se do mundo simbólico ao mesmo tempo em que estabeleciam constantes relações com suas vivências reais.

Pude observar o interesse delas pelas diversas frutas citadas no texto, as quais , ao serem descritas pelo autor, ganharam "vida", suscitando a motivação dos leitores. Encaminhei, dessa forma, nossa primeira pesquisa como tema de casa. Cabe ressaltar a importância do envolvimento das famílias nesse processo de descoberta com foco na área científica. O objetivo dessas pesquisas é viabilizar o contato com diversas fontes de informação, socializando tal processo com os demais colegas. Favorecemos, assim, a sistematização do conhecimento, bem como o intercâmbio social entre os pares.

Instituição: Colégio João XXIII, Porto Alegre.
Material: Relatório da Professora Renata Martelet.
Projeto: Portfólio de grupo.
Faixa etária: 4 a 6 anos.

Trabalhar com projetos tem objetivos políticos claros, sendo uma proposta que pretende ensinar a vida em democracia, a participação social, a capacidade de abrir mão de um desejo singular por um coletivo, de um impulso imediato para a construção de projetos coletivos de longo prazo. Crianças que estudam e convivem conforme esses parâmetros possivelmente serão cidadãos com experiências de processos coletivos de tomada de decisões, com responsabilidade social: "As vozes – todas e não somente algumas – se entretecem, em uma conversação cultural que nos ajuda a construir uma narração" (Anguita e López, 2004, p.59).

A escola tem força e poder político na constituição de sujeitos que saibam pensar, falar, criticar e construir relações de ajuda, elaborando sentidos tanto para as suas vidas como para o mundo. Somos, como disse Otto Bauer, uma comunidade de destino. Talvez hoje, mais do que nunca, conhecemos nossa interdependência, nosso caminho comum. Vivemos em uma sociedade de risco, na qual a vida, a consciência e o destino dos seres humanos estão permanentemente ameaçados. A solução é coletiva; portanto, precisamos aprender a dialogar.

Até aqui, discutimos aspectos importantes tanto na perspectiva teórica quanto metodológica. Chegamos, então, a um dos pontos mais controvertidos e fundamentais quando pensamos nesse modo de organizar o ensino: a documentação e a avaliação. Esses dois aportes serão abordados e exemplificados nos próximos capítulos.

8

AS MARCAS DEIXADAS NO CAMINHO

COMO E PARA ONDE ANDAMOS

Um aspecto bastante importante na prática com projetos é o da gestão compartilhada do trabalho pedagógico. Apesar de desempenharem diferentes papéis nesse modo de organizar o ensino, é fundamental que todos os atores sociais envolvidos sejam sujeitos e participem da elaboração, do registro e do acompanhamento dessa construção, deixando marcas ao longo do percurso.

Para poder realizar o planejamento e a execução participativos, é preciso criar instrumentos que registrem aquilo que acontece com o grupo de forma compartilhada para que todos tenham conhecimento e possam intervir modificando as combinações. Para fazer esses registros, utilizam-se diferentes ferramentas, como quadros com as atividades de cada grupo, listas com as atribuições de cada um, índices de temas, calendários, entre outras. Assim, o material produzido com e pelas crianças é exposto para todos, valorizando a função social dos registros (escrita, desenho, etc.), algo muito importante para as crianças que, durante a educação infantil, estão sendo introduzidas na cultura escrita. No Brasil, o trabalho com observação, registro e planejamento já tem uma longa tradição através do trabalho de Madalena Freire (1986) e Cecília Warschauer e as publicações da Escola da Vila.

A democratização da informação, além de exercer um importante papel na distribuição do poder, possibilita a circulação dos conhecimentos sobre o que acontece em cada grupo, com cada criança. Desse modo, as famílias, assim como outros personagens que convivem na escola, podem acompanhar os projetos e participar deles. Esse processo alimenta aquilo que vem sendo denominado, internacionalmente, como documentação pedagógica, isto é, os registros dos fazeres das escolas, dos professores e das crianças de educação infantil.

A expressão *documentação pedagógica* tem sido utilizada para registrar e problematizar essa forma de acompanhar e potencializar o desenvolvimento de um trabalho pedagógico e as aprendizagens das crianças pequenas. Ao documentar pedagogicamente o dia a dia na escola, vão sendo criados elementos de memória, recuperação de episódios e de acontecimentos. Nesse processo, os adultos (educadores, pais e administradores) e as crianças vão construindo a historicidade, vivenciando processos coletivos e, ao mesmo tempo, preservando a singularidade e os percursos individuais.

De acordo com Malaguzzi (citado em Moss, 2003):

> Documentar sistematicamente os processos e os resultados dos trabalhos com as crianças serve para três funções:
> - oferecer às crianças uma memória do que disseram e fizeram que sirva como um ponto de partida para os próximos passos;
> - oferecer aos educadores uma ferramenta para compreensão, pesquisa e renovações contínuas;
> - oferecer à comunidade algumas informações detalhadas sobre o que ocorre nas escolas, como um meio de tornar a escola realmente pública.

O principal objetivo da documentação é compreendermos o que ocorre no trabalho pedagógico e o modo como somos professores, ou seja, o que

Figura 8.1
Registro de atividade desenvolvida por um grupo de crianças, de 4 a 6 anos. Colégio João XXIII, Porto Alegre.

pensamos das crianças, o que valorizamos das suas produções, criando, ao mesmo tempo, um espaço concreto para conversarmos com as famílias e as crianças sobre o desenvolvimento e as aprendizagens.

Como podemos constatar, a documentação é construída a partir da observação, dos registros e das interpretações acerca daquilo que acontece em sala de aula, pois é documentando o que o grupo realiza conjuntamente que professores e crianças desenvolvem a consciência e as consequências de seus atos. Ao realizar o trabalho de registro em sala de aula, o professor auxilia na construção de significados coletivos e compartilhados sobre aquilo que está sendo estudado por meio da contextualização e da criação da possibilidade de aprendizagens significativas.

Por outro lado, a documentação pedagógica como prática reflexiva e democrática amplia a autorreflexividade e, consequentemente, estimula uma pedagogia reflexiva e comunicativa a partir da discussão em equipe das práticas cotidianamente desenvolvidas. Para que se privilegie o que Peter Moss (Dahlberg, Moss e Pence, 2003) denomina a ética de um encontro, ocorrido entre crianças, educadores e suas famílias, precisamos mobilizar alguns instrumentos que nos forneçam dados e subsídios para acompanharmos o processo de aprendizagem das crianças e constituirmos uma documentação pedagógica qualificada.

A documentação torna o trabalho pedagógico visível e acessível para o debate democrático, porém ela precisa ser coconstruída com o grupo de alunos, criando um espaço de interlocução com as famílias sobre a crian-

Figura 8.2
Registro de atividade desenvolvida, pela professora Renata Martelet, com crianças de 4 a 6 anos. Colégio João XXIII, Porto Alegre.

Figura 8.3
Registros de um projeto desenvolvido, pela professora Luciana Fraga Cardoso, com crianças de 2 a 4 anos. Colégio João XXIII, Porto Alegre.

ça, seu desenvolvimento e suas aprendizagens. Apesar de a documentação pedagógica ter uma multiplicidade de faces, neste capítulo desenvolveremos apenas um dos elementos com os quais ela pode contribuir: o acompanhamento das aprendizagens das crianças.

A AVALIAÇÃO NA EDUCAÇÃO INFANTIL

Os procedimentos que utilizamos para avaliar nossos alunos em sala de aula revelam nossas concepções sobre a aprendizagem, a infância e a educação, expondo, assim, os modelos teóricos que nos apoiam. Nos últimos tempos, muitas modificações curriculares têm-se apresentado na educação infantil e, consequentemente, nosso entendimento do que seja avaliar nessa etapa de ensino também se transformou.

A avaliação é um tema controverso, pois tem sido um importante instrumento de controle social ao classificar, hierarquizar, homogeneizar e normalizar as pessoas. Na avaliação da educação infantil, observamos re-

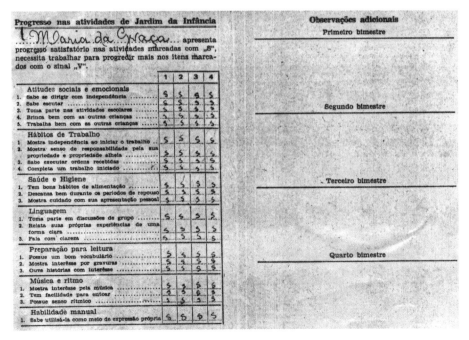

Figura 8.4
Avaliação objetiva de comportamentos observados.

centemente duas tradições. A primeira, mais objetivista, foi muito utilizada nas décadas de 1960 e 1970 e baseava-se em objetivos comportamentais, os quais apontavam pautas do desenvolvimento humano configuradas pela psicologia do desenvolvimento, tendo como parâmetros uma criança idealizada e tida como capaz de realizar determinadas atividades, desenvolver habilidades e evidenciar competências. Obviamente, essa criança "modelo" pertencia, no mínimo, às camadas médias da sociedade.

Os modelos de avaliação constituíam-se em várias lacunas para serem preenchidas com cores ou siglas. Os objetivos (e, por que não dizer, as crianças) eram divididos em áreas afetiva, cognitiva e motora. Para cada área, desenvolviam-se vários aspectos, como, por exemplo: na área motora, o equilíbrio poderia ser verificado através de ações como pular em um pé só e caminhar em linha sinuosa. A professora utilizava-se de situações dirigidas – e, muitas vezes, artificiais – para realizar testes individuais. As avaliações entregues às famílias, quase sempre enormes e repletas de informações fragmentadas, pouco falavam da vida da criança na escola, de seu desenvolvimento, da sua relação com os demais. Em nenhum momento essa avaliação era contestada, já que as concepções de verdade da ciência e dos métodos quantitativos predominavam na educação.

Nos anos de 1980, com a democratização do país, com os questionamentos sobre o poder e a exclusão social, com a introdução de abordagens mais qualitativas de coleta de dados nas pesquisas e com a ampliação das perspectivas de desenvolvimento (psicologia genética e sócio-histórica), criou-se uma nova forma de abordar a avaliação na educação infantil. Esta se tornou mais descritiva, menos comparativa, mais singular. Assim, a avaliação com um caráter mais subjetivista foi sendo estruturada a partir da proposta dos pareceres descritivos ou relatórios avaliativos.

A falta de rigor, a descrição de elementos subjetivos e o uso de roteiros preestabelecidos, que muitas vezes se transformavam em modelos, acabaram esvaziando de sentido esse instrumento. Em outras palavras, a avaliação compartimentada em tópicos nos quais se marcava com um "x" o desempenho do aluno transformava-se em um texto, denominado parecer descritivo. Muitos desses instrumentos eram elaborados a partir de observações esporádicas e fragmentadas das crianças, fixando-se características identitárias que poderiam ser flexíveis.

Do ponto de vista legal, também a avaliação na educação infantil sofreu uma profunda alteração quando a LDB (1996) propôs que a avaliação das crianças na educação infantil "(...) far-se-á mediante o acompanhamento e registro do seu desenvolvimento, sem o objetivo de promoção, mesmo para o acesso ao ensino fundamental". Esse posicionamento legal abriu espaço para a criação de novos caminhos destinados a pensar a avaliação na educação das crianças pequenas. Estava lançado, então, um

Projetos pedagógicos na educação infantil **99**

RELATÓRIO DE AVALIAÇÃO

PEDRO JÁ SE ENCONTRAVA NA ESCOLA, DESDE O ANO ANTERIOR, PORTANTO OS COLEGAS JÁ ERAM CONHECIDOS E COM A PROFESSORA SE ADAPTOU MUITO BEM. NÃO TEVE NENHUMA DIFICULDADE NO PERÍODO DE ADAPTAÇÃO. ELE É MUITO EXPRESSIVO E SE COMUNICA COM GRANDE FACILIDADE. GOSTA DE BRINCAR COM OS COLEGAS, PRINCIPALMENTE COM O MARCOS COSTA E RODRIGO. DURANTE AS ATIVIDADES MAIS LIVRES TEM PREFERÊNCIA POR BRINQUEDOS COMO CARROS E BLOCOS, ONDE POSSA MONTAR E ADAPTAR SITUAÇÕES, GOSTA MUITO DE BRINCAR COM CAVALOS E ÍNDIOS, APARECENDO BASTANTE O JOGO SIMBÓLICO.

QUANDO SOLICITADO PARA A EXECUÇÃO DE ALGUMA "TAREFA DEMONSTRA GRANDE INTERESSE, PRINCIPALMENTE NAS ATIVIDADES DE CONHECIMENTO FÍSICO, COMO EXEMPLO A FEITURA DAS "BALAS DE MEL", ONDE SEU ENVOLVIMENTO FOI MUITO GRANDE TANTO NA HORA DE COLOCAR INGREDIENTES NA PANELA, COMO NA CONFECÇÃO DAS BALAS. COMENTAVA "ACHO QUE A MINHA MÃE VAI GOSTAR, ELAS FICARAM MUITO BOAS E BONITAS, NÃO É PROFESSORA".

PEDRO DURANTE A RODA GOSTA DE CONTAR SOBRE OS SEUS FINAIS DE SEMANA, QUE VAI PARA GRAMADO, FICA NO (TRAILER) E QUE VAI SEMPRE O PAI, A MÃE E A IRMÃ. RELATA FATOS COM CLAREZA E RIQUEZA DE DETALHES SEMPRE SEGUINDO NA SEQÜÊNCIA. POSSUI PRAZER EM OUVIR E CONTAR HISTÓRIAS, ASSIM NA HISTÓRIA CONSTRÓE UM CONHECIMENTO LINGÜÍSTICO, MAIS ESPECIFICAMENTE A LINGUAGEM ORAL, AUMENTANDO O SEU VOCABULÁRIO, POIS QUESTIONA BASTANTE QUANDO NÃO CONHECE ALGUMA PALAVRA. APRECIA TRABALHOS COM AS SUCATAS, EXPLORA-AS DE DIVERSAS MANEIRAS, UTILIZANDO-SE DE MATERIAIS DIVERSOS COMO MISTURA DE TINTAS, DESCOBRINDO PROPRIEDADES (FAVORECENDO NA CONSTRUÇÃO DO CONHECIMENTO FÍSICO).

PARTICIPA DAS ATIVIDADES RELACIONADAS COM O TEMA GERADOR, SEMPRE TRAZENDO DE CASA MATERIAIS QUE ENRIQUECEM O NOSSO TRABALHO. GOSTA MUITO DO NOSSO HAMSTER, NÃO DEMONSTRANDO MEDO, AJUDANDO SEMPRE A TROCA E LIMPEZA DA GRADE.

QUANTIFICA, ESTABELECE RELAÇÕES, SERIANDO E ORDENANDO SE APROPRIA DOS NÚMEROS GRÁFICOS PARA ATIVIDADES COMO JOGOS E RELATÓRIOS. O SEU INTERESSE PELA LEITURA E ESCRITA É GRANDE, JÁ ESCREVENDO DA SUA FORMA E DIZENDO "AQUI EU ESCREVI BORI AQNOI (PINGUIM) E ESCREVI ASSIM COMO EU ACHO TÁ".

PEDRO ESTÁ EM PLENO DESEMPENHO DE SEU CRESCIMENTO E TEM DEMONSTRADO VONTADE DE CADA VEZ MAIS APRENDER E EXPLORAR JUNTO COM A NOSSA TURMA AS VIVÊNCIAS QUE PASSAMOS JUNTOS.

Figura 8.5
Exemplo de um parecer descritivo.
O nome dos alunos foi substituído para preservar a identidade.

100 Barbosa & Horn

desafio: elaborar uma avaliação apropriada, autêntica, significativa e dinâmica, baseada no contexto de um grupo de crianças e na experiência real de cada criança particularmente. Redimensionou-se, assim, a ética e a responsabilidade social que temos com o ensinar e o aprender no contexto da diversidade social e cultural.

Nessa dimensão, cada sujeito tem um percurso pessoal, e o acompanhamento das aprendizagens é a única forma de valorizarmos não apenas o resultado, mas todo o percurso construído pelo grupo e pelo sujeito em seu processo de aprendizagem. Como fazer isso? Como articular o processo de ensino e aprendizagem com a avaliação? Como fugir ao caráter de julgamento da avaliação? Como começar a mudança? Construindo uma nova política de avaliação e procurando responder às seguintes questões: Onde estamos? Para onde queremos ir? Como podemos proceder?

CRIANDO ALTERNATIVAS

Para discutirmos as respostas a essas questões, precisamos inicialmente estabelecer alguns princípios, tais como:

- abrir mão do uso autoritário da educação;
- democratizar e criar espaços de participação para alunos e pais na avaliação;
- avaliar cotidianamente e não apenas em situações formais;
- avaliar todo o processo e não apenas o produto final;
- alterar a postura frente ao erro;
- trabalhar coletivamente a avaliação por meio de conselhos de classe nos quais diferentes pontos de vista sejam complementados;
- utilizar diferentes instrumentos para construir múltiplos olhares sobre o desenvolvimento e a aprendizagem das crianças;
- alterar a metodologia de trabalho em sala de aula, instituindo que os momentos de avaliação também sejam de aprendizagem;
- cuidar das avaliações de atitudes e de características pessoais dos alunos, procurando evitar uma postura discriminatória;
- respeitar o princípio de atenção à diversidade;
- verificar tanto os aspectos cognitivos quanto os sentimentos, os interesses, as predisposições, as habilidades e as capacidades das crianças;
- valorizar as diferentes aprendizagens, sejam elas racionais, sensoriais, práticas, emocionais e sociais;
- centrar a atenção naquilo que as crianças são capazes e não no que lhes falta.

Nesse sentido, o grande desafio que se impõe consiste em propor situações de aprendizagem que também sejam avaliativas, em observar os alunos e em refletir. Uma série de estratégias podem ser pensadas a partir dessa perspectiva, como as de observar, documentar, refletir e compreender para podermos acompanhar a trajetória de nossos alunos, bem como qualificarmos nossa prática pedagógica, redirecionando nossa caminhada.

Utilizando a metáfora do caminho, podemos dizer que essa forma de avaliar pressupõe uma mudança paradigmática nas concepções de aprendizagem:

- DE memorizar as informações PARA transferir conhecimentos para outras situações;
- DE aplicar fórmulas PARA formular problemas e construir estratégias para resolvê-los;
- DE valorizar a quantidade de informações PARA buscar informações, organizá-las, interpretá-las, dar-lhes sentido e transformá-las em conhecimento.

9

DA AVALIAÇÃO AO ACOMPANHAMENTO

Para poder trabalhar com crianças, é preciso aprender sobre elas. Como são as crianças contemporâneas? Quais são as suas culturas? Como vivem seu cotidiano? Do que brincam? Que livros leem? Como realizam suas aprendizagens? Sabemos muito pouco sobre elas; portanto, precisamos ouvi-las, observá-las, conversar com elas, estar junto a elas para poder ampliar suas vivências. Isso implica necessariamente considerar que acompanhá-las enquanto trabalham em atividades complexas e de aprendizagem é indispensável.

Precisamos entender o que está acontecendo no trabalho pedagógico e o que a criança é capaz de fazer sem procurar continuamente classificá-la em uma estrutura predeterminada de expectativas ou normas. Ao lado disso, temos a possibilidade de observar que cada sujeito tem um percurso pessoal e que o acompanhamento das aprendizagens é a única maneira de não valorizar apenas o resultado, mas sim dar valor e visibilidade a todo o percurso construído no processo de aprendizagem. Afinal, a documentação sempre nos diz algo sobre como construímos a criança e nós mesmos como pedagogos. Por esse motivo, ela estará aberta à discussão e à mudança.

De acordo com o Dicionário Houaiss (...), "acompanhar é estar ou ficar com ou junto a, constantemente ou durante certo tempo; conviver ou compartilhar as mesmas situações com, ou ser companheiro de (...)". Desse modo, o acompanhamento das aprendizagens precisa ser realizado constante e sistematicamente. Para isso, precisamos utilizar diferentes tipos de instrumentos de observação, registro e análise. A multiplicidade de instrumentos de registro ajuda no processo de detalhamento e na criação de pontos de vista diferenciados.

Muitos dos instrumentos citados a seguir são formas de registros que não estão apenas vinculados ao acompanhamento das aprendizagens das crianças, mas, ao contrário, servem como documentação do processo pedagógico, da reflexão e da própria formação dos professores.

INSTRUMENTOS DE PLANEJAMENTO, ACOMPANHAMENTO E REGISTRO

Como já afirmamos anteriormente, vários são os instrumentos de que poderemos nos valer para construirmos uma consistente e qualificada documentação pedagógica. Dentre eles, podemos destacar:

- *O diário de campo*: este instrumento, importado da antropologia, pode ser considerado como um caderno de registro do professor, no qual ele poderá não apenas registrar dados objetivos, mas principalmente seus sentimentos sobre o que vê ou ouve, isto é, suas interpretações.

E assim foi... "do nada" surgiu um projeto...

"Em uma tarde, quando estávamos sentados em roda, a aluna Carol contou que na faculdade do dindo dela tinha uma floresta (há um minizoológico na faculdade em que ele leciona) e falou sobre os bichinhos que viu lá. Como os outros se interessaram, começamos a falar sobre os animais, deixando de lado a contação de história que havia previsto.

Em seguida, um colega lembrou-se de um livro em que a personagem é uma *abelhinha*. *Daí passamos a procurar* figuras de animais nos livros que tínhamos na sala (eram livros didáticos antigos). Sugeri que cada um recortasse ou rasgasse o que havia escolhido. Foi então, 'do nada', que a Carol sugeriu: 'Já sei, profe, vamos montar uma floresta?'.

Improvisei um espaço para montarmos a floresta que as crianças chamaram de 'encantada'. Atrás de uma estante de brinquedos, fixei um tecido azul no qual começamos a colar os animais que elas haviam selecionado.

No outro dia, algumas crianças puseram-se a observar quando chegaram à escola. Embora aquele fosse um espaço que continha o material feito por elas, por estar rente a uma mesa, ainda não era visto como um espaço para o brincar.

Foi então que peguei o pote de animais da fazenda, afastei a mesa e sentei em frente ao tecido verde que estava no chão. Convidei o Gui e o Lucas, que estavam por perto, e começamos a brincar. Logo, os outros se aproximaram...

(continua)

Projetos pedagógicos na educação infantil **105**

Carol com seu
cachorrinho de pelúcia.

Grupo do maternal 3
dentro da floresta encantada.

Crianças dormindo com os
bichos de pelúcia dentro da
floresta encantada.

Figura 9.1
Floresta encantada. Atividade desenvolvida por Carolina Gobbato.

106 Barbosa & Horn

(continuação)

A floresta estava pronta, mas parecia que ainda faltava algum elemento que desse a ela o seu toque de encanto! Para viver nela, cada um trouxe um bichinho de pelúcia da sua casa. As brincadeiras foram muitas... não esquecendo de naná-los! Eles eram nossos companheiros! Outro dia, li para as crianças a carta enviada pela Fada, a Fadinha da Floresta! Ela pedia que as crianças se escondessem enquanto prepararia uma surpresa... E assim foi, na companhia da auxiliar, todo mundo foi passear no saguão, enquanto na sala ajudei a Fadinha arrumar a surpresa.

Ela apagou as luzes da sala e, em um clima de mistério, recebeu as crianças, escondida comigo atrás dos panos, em um cenário que ocultava a floresta que já havia sido montada com os recortes das crianças.Se ela causou encanto? Bastava observar o olhar compenetrado do Gabriel, o sorriso da Marceli ou o brilho nos olhos de qualquer outra criança...

Após falar com as crianças, a Fada foi chamando um a um os bichos da floresta: o cavalo, o porco. Junto com o elefante, as crianças gostaram de imitar sua tromba e cantar: 'Um elefante incomoda muita gente'.

Depois que brincaram bastante, a Fadinha pediu que fechassem os olhos. Alguns não aguentaram e deram uma espiadinha... Enquanto isso, ela fez a floresta magicamente crescer e convidou as crianças para que entrassem nela. Lá dentro elas sentiram uma chuva de brilhinhos que caiu da varinha da Fadinha....

Enfim, o espaço da Floresta Encantada estava constituído e já era espaço para o brincar."

Carolina Gobatto, estagiária do curso de Pedagogia da Faculdade de Educação/UFRGS, orientanda da professora Maria Carmen Silveira Barbosa (2° semestre, 2006).

"Depois, colocamos os aventais e fomos para a rodinha, ou seja, as crianças sentaram no colchão com duas educadoras e eu fui contar uma história. O livro utilizado foi *Os números*, e as crianças gostaram muito de ver livros infantis e explorar as histórias e as figuras.

Comecei falando que o livro de hoje era um livro de fazer mágicas. As crianças se entusiasmaram. O livro continha desenhos em preto e branco e, quando se puxava a janelinha, eles ficavam coloridos. Para acontecer a magia, eu pedia ajuda das crianças, dizendo que elas precisavam falar a palavra mágica 'abracadabra' bem forte! Depois falávamos sobre os bichos ou as imagens que apareciam. Quando a atividade terminou as crianças quiseram que eu contasse outra vez. Na hora de dizer a palavra mágica era a maior embolação, saía de tudo!"

Cristina B. Marques de Souza, estagiária do curso de Pedagogia da Faculdade de Educação/UFRGS, orientanda da professora Maria Carmen Silveira Barbosa (2° semestre, 2006).

Projetos pedagógicos na educação infantil **107**

A observação e o registro no diário de campo é, como diz Altimir (2006), o primeiro de todo um ato subjetivo: uma amostra daquilo que considera o mais importante.

- *Os anedotários*: constituem-se em fichas individuais das crianças em que são registrados os aspectos de cunho mais afetivo, emocionais e sociais dos relacionamentos, como os envolvidos em episódios familiares, doenças, recorrentes a desentendimentos acontecidos no grupo de crianças. Também nos anedotários podemos registrar frases, pensamentos, brincadeiras e outras manifestações.

> "A Joana, o Pedro e o Felipe se divertiram muito com as brincadeiras na areia, fazendo construções e utilizando sucatas. O Fê ficou manuseando uma embalagem de xampu, na qual ele colocava areia e queria colocar na cabeça dos outros. Precisamos lembrá-lo de que ele poderia 'fazer de conta' que havia xampu, mas que não era legal colocar areia na cabeça dos amigos, pois eles não gostavam."
>
> Cristina B. Marques de Souza, estagiária do curso de Pedagogia da Faculdade de Educação/UFRGS, orientanda da professora Maria Carmen Silveira Barbosa (2° semestre, 2006).

> "A Patrícia foi a única criança a entrar chorando neste início de manhã, sendo necessário uma das educadoras permanecer com ela até que se acalmasse. Há dias em que ela entra sem chorar ou resistir, porém há manhãs em que ela chora muito e fica parte da manhã desanimada, manhosa, sem brincar, reclamando de dor de barriga e desejando atenção exclusiva, querendo somente ficar no colo."
>
> Cristina B. Marques de Souza, estagiária do curso de Pedagogia da Faculdade de Educação/UFRGS, orientanda da professora Maria Carmen Silveira Barbosa (2° semestre, 2006).

As palavras das crianças na escola

- *O diário de aula*: instrumento no qual o professor planeja suas atividades e relata os acontecimentos, podendo servir como fonte de informações e subsídio precioso para a sua reflexão.

> "Após o café, resolvemos passear pela Ilha, pois a escola recebeu brinquedos novos para o pátio e estes ainda não haviam sido montados. O passeio foi muito legal. Fomos até um trapiche para ver o rio, observar os barcos que passavam pelo local, as ondas que eles faziam, sentir o vento, o cheiro, a paisagem.
>
> Também brincamos de espiar entre as madeiras do trapiche para ver se enxergávamos peixinhos na água. As crianças se divertiram muito com essa brincadeira e até mesmo 'viram' alguns peixinhos por lá! Diziam: "Olha! Peixe". E todos iam olhar!
>
> Cantamos várias músicas sentados no trapiche, nos deitamos nele para observar o céu, tiramos fotos, enfim, foi um passeio muito legal."
>
> Cristina B. Marques de Souza, estagiária do curso de Pedagogia da Faculdade de Educação/UFRGS, orientanda da professora Maria Carmen Silveira Barbosa (2º semestre, 2006).

- *O livro da vida ou da memória do grupo*: é um diário, um espaço coletivo de registro, com base nas ideias postuladas por Freinet, em que cada criança pode representar acontecimentos, sentimentos e situações significativas acontecidas no cotidiano.
- *As planilhas*: material quantitativo que pode ser usado para o controle tanto das crianças como da professora. Nele são demonstrados desempenhos sequenciais, servindo para fins de controle dos objetivos levantados por ambos. Podem ser usados quadro de dupla entradas com os nomes e as habilidades específicas que se queira avaliar.
- *As entrevistas*: são instrumentos importantes, pois oportunizam o registro de diálogos entre os diferentes atores (professores, alunos, pais) e podem ser desenvolvidas não só no processo de ensino e aprendizagem, mas também nas situações significativas do dia a dia. Além de possibilitarem um conhecimento mais aprofundado das crianças, permitem estreitar laços de afeto.
- *Debates ou conversas*: é o registro escrito ou gravado de conversas, ideias e debates entre o grupo de crianças e deste com a professora, podendo constituir-se em elemento avaliador e qualificador do trabalho desenvolvido em classe, já que nesse processo também aparecem as habilidades sociais e a capacidade comunicativa das crianças. Realizar no grupo a releitura coletiva do trabalho efetuado serve para refletir sobre os percursos e construir novos caminhos.
- *Relatórios narrativos de acompanhamento das crianças e relatórios narrativos de estudos realizados*: este tipo de instrumento é carac-

Projetos pedagógicos na educação infantil **109**

Figura 9.2
Registros de trabalhos realizados em um projeto desenvolvido com um grupo de crianças de 4 a 6 anos. Colégio João XXIII, Porto Alegre.

terizado por imagens, desenhos, textos, coleta de amostras de trabalho, fotografias, diários de aprendizagem, gravações (vídeo e som) e agendas.

- *Autoavaliação*: nas entrevistas, podemos ter momentos de análise dos trabalhos com as crianças, propiciando a autoavaliação e a seleção dos trabalhos que parecem mais significativos para elas.
- *Trabalhos de integração e consolidação dos conhecimentos*: são propostas pedagógicas que possibilitam a integração das aprendizagens de diferentes áreas e envolvem trabalho intelectual, manual e criativo como realizar, por exemplo, uma excursão, fazer uma maquete, etc.
- *Coleta de amostras de trabalho*: consiste em realizar a seleção de materiais significativos realizados durante um período do percurso, justificando e argumentando a seleção.
- *Fotografias e gravações em vídeo e em som*: o registro fotográfico ou sonoro é imprescindível para o trabalho com as crianças pequenas, pois é um registro visual que inspira a reflexão sobre o acontecido, possibilitando a quem não estava presente conhecer determinados fatos.
- *Depoimentos de pais*: ao afirmarmos a importância da parceria com os pais, acreditamos que é imprescindível a sua participação nesse processo, informando aos educadores o que observam das crianças em casa, dos registros fotográficos e escritos, criando uma comunicação permanente.
- *Comentários dos colegas*: a análise dos colegas sobre os trabalhos realizados pode ser um interessante momento de partilha e discussão sobre a inclusão no grupo.

Figura 9.3
Registros de atividades desenvolvidas durante um projeto com crianças de 4 a 6 anos. Colégio João XXIII, Porto Alegre.

- *Teorias de desenvolvimento, aprendizagem e ensino*: na organização dos instrumentos de trabalho do professor, as suas leituras e as teorias que postulam devem estar presentes para reafirmar o caráter intelectual da sua ação e para compartilhar com os pais ou com os educadores as referências teóricas contemporâneas.

Descrevemos uma série de instrumentos de acompanhamento dos quais o professor pode valer-se para desenvolver o processo de documentação que servem para a construção de dossiês e de portfólios. Isso não significa, porém, que será necessário utilizar todos eles; na verdade, é preciso selecionar e planejar seu uso, já que o acompanhamento é feito por meio de ações contínuas e não de improvisações ao final do ano.

DIFERENÇAS ENTRE PORTFÓLIOS, DOSSIÊS E ARQUIVOS BIOGRÁFICOS

Para esses registros terem sentido, é preciso que estejam organizados. Essa organização pode ser sob a forma de portfólios, dossiês ou arquivos biográficos. Como essas palavras têm origem em língua estrangeira, ao procurar o seu significado verificamos que elas são muito próximas, ou seja, são especificadas como pastas nas quais se guardam documentos, processos, etc. O portfólio é de origem inglesa, enquanto os dossiês são de origem francesa. Constatamos nas traduções brasileiras que a palavra portfólio vem sendo usada principalmente para registrar ações realizadas por artistas plásticos profissionais e modelos fotográficos, entre outros profissionais.

Howard Gardner (1994) comenta que na vida cotidiana, são artistas, arquitetos, *designers*, que interessados em competir para obter um prêmio ou uma exposição em uma galeria, que montam os portfólios. São coleções dos produtos acabados, ao contrário, as pastas (portfólios) das crianças estão pensadas para serem obras em processo.

Ao contrário, os dossiês referem-se à organização de materiais sobre temas e assuntos. São temáticos, realizados pelo professor e pelas crianças para a compreensão do processo de ensino e aprendizagem realizado pelo grupo, com o intuito de organizar e apresentar as suas aprendizagens relativas a determinado tema.

Em uma dimensão mais pedagógica, os portfólios são caixas ou pastas que recolhem os trabalhos produzidos pelas crianças através de variadas modalidades de expressão durante um período de tempo. Os materiais são periodicamente analisados com as crianças e com os pais para que se discutam os progressos, as áreas em que se deve trabalhar para ampliar as potencialidades, os progressos, as dificuldades das crianças e a proposta de novos desafios. De acordo com Hernández (2000) "a função do portfólio se apresenta, assim, como facilitadora da reconstrução e reelaboração, por parte de cada estudante, de seu processo ao longo de um curso ou de um período de ensino".

Os arquivos biográficos constituem-se em valioso documento de acompanhamento que busca oferecer aos protagonistas (crianças, professores e pais) a oportunidade de reouvir, revisitar, relembrar experiências e acontecimentos que marcaram significativamente suas histórias na escola de educação infantil. Por ser um documento que recolhe diferentes materiais, como desenhos, pinturas, falas das crianças e fotos, revela a unicidade e a diversidade de cada criança por meio desses recortes do cotidiano.

Todas essas formas de acompanhamento podem auxiliar os docentes a verificar os avanços significativos, as dificuldades e o próprio processo de construção dos conhecimentos. Os alunos têm pontos de referência para localizar onde estão, onde podem chegar e como farão para conseguir isso. Ao mesmo tempo, os pais e a comunidade compreendem o que se passa na escola e podem, então, colaborar e também aprender.

Os portfólios não são apenas a seleção dos materiais. É preciso apreciar, analisar, interpretar, construir sentidos, planejar o futuro, criar uma narrativa afinal. Para Bruner e Feldman, "é através de nossas narrações que construímos uma versão de nós mesmos no mundo, e é através de suas narrações que uma cultura oferece modelos de identidade e ação para os seus membros".

Esses instrumentos também são lugares onde devem ser expressas inúmeras vozes. Todos devem ter espaço para o registro: os pais ao enviar comentários sobre a criança e o processo educativo propiciado pela escola; as crianças ao selecionar materiais, desenhar, ditar mensagens, fazer autoavaliação; a professora ao transcrever entrevistas com as crianças, contar pequenas histórias e apresentar imagens. As crianças também podem participar da elaboração dos portfólios de seus amigos. As disciplinas especializadas, mesmo quando orientadas por outro professor, podem estar incluídas neles. Alguns portfólios apresentam espaços de brincadeira e interação com as crianças. É necessário ter cuidado com a sua apresentação, para que ele seja resistente ao manuseio, tenha um tamanho adequado e uma linguagem bastante comunicativa e clara tanto para os pais quanto para as crianças. Pode ser feito em papel, mas também há exemplos de interessantes portfólios virtuais, como os *blogs*.

A caminhada do grupo é a base que apresenta a universalidade do processo, repetindo em todos os portfólios aquilo que foi vivenciado e que se que tornou memória comum para um grupo de aprendizes. Contudo, para cada evento coletivo é necessário também singularizar, isto é, mostrar as particularidades de cada processo.

Projetos pedagógicos na educação infantil **113**

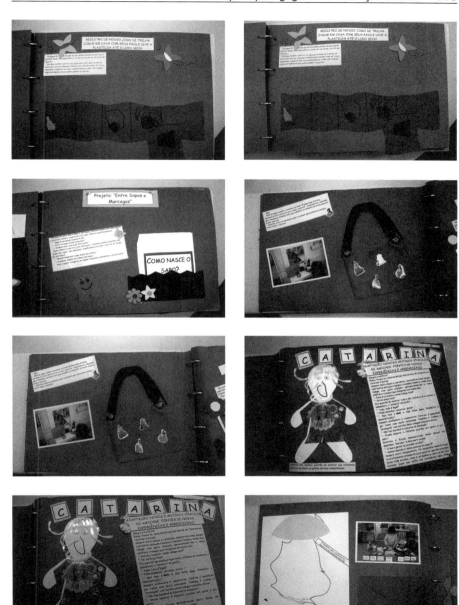

Figura 9.4
Arquivo biográfico de uma aluna do Colégio João XXIII, Porto Alegre.

NOVAS PRÁTICAS PARA COMUNICAR OS RESULTADOS

O uso de portfólios e dossiês já provoca a necessidade de modificar a forma como comunicamos os resultados para as crianças. Geralmente, a avaliação é uma tarefa apenas para os adultos: os professores comunicam aos pais um parecer sobre os seus filhos, e as crianças sabem que algo acontece, mas não fazem parte desse processo.

Ao pensarmos em incluir pais e crianças no acompanhamento das atividades avaliativas, modificamos o espaço de participação, pois todos contribuem para a organização do portfólio. As crianças, aos poucos, tornam-se cada vez mais responsáveis pela organização dos seus materiais, enquanto a professora oferece a estrutura que dá subsídios para essa organização.

A comunicação das aprendizagens de um determinado período de tempo deve ser feita em momentos públicos, como em um encontro de pais, alunos e professores. Assim, podemos fazer exposições, instalações e painéis com os dossiês elaborados pelos grupos. Oferecer à família CDs com gravações dos dossiês é uma boa estratégia de democratização do material, assim como entregar um exemplar para a biblioteca da escola.

As situações de entrevistas, com ou sem a participação das crianças, permitem a análise dos portfólios e dos dossiês. No processo de documentação, os portfólios ou arquivos biográficos precisam ser periodicamente analisados e construídos pelos professores com as crianças e com os pais para que possam discutir os progressos, as áreas nas quais se deve trabalhar para ampliar as potencialidades das crianças e lançar novos desafios.

Certamente, não basta agruparmos e organizarmos materiais produzidos na sala de aula. Podemos recordar as pastas de artes que as crianças levam para casa sem comentários e, muitas vezes, até mesmo sem data. Na realidade, eles só têm sentido se o educador puder apreciá-los, analisá-los, interpretá-los, contextualizá-los, construindo um sentido para essas produções e, a partir disso, criando novas narrativas para a inserção das crianças e dando novos rumos à sua prática cotidiana junto a elas.

Para concluir, citamos uma afirmação de Donatella Giovanini (citado em Gandini e Edwards, 2002), na qual comenta sobre a elaboração dos arquivos biográficos e reafirma a importância dessa virada pedagógica:

> Educar uma criança (...) exige algo a mais do adulto (...) uma certa generosidade de atitude e uma disposição para devolver à criança – e aos pais – os acontecimentos, os pensamentos, os sentimentos e as ideias que fazem o cotidiano e a história da creche. Exige uma capacidade de recontar, de colocar os acontecimentos e as pequenas histórias pessoais no contexto de uma história mais ampla. De modo que um momento de

sua infância possa ser entregue a cada criança. Além disso, a construção da documentação sobre a criança é uma maneira de lhe dar uma atenção especial e de valorizar e identificar diferenças e estilos individuais. Permite que cada professor torne a experiência de cada criança única e especial.

Atualmente, uma experiência precursora e bem-sucedida no trabalho com documentação e registro como instrumentos prioritários da avaliação e a própria metodologia envolvida nos projetos de trabalho é a desenvolvida nas escolas infantis da região do norte da Itália, denominada Reggio Emilia. Como forma de reconhecer esse *status* à rede pública de ensino italiana, faremos uma breve, mas necessária, referência a esse trabalho. Seu pensamento e sua ação perfazem o "trajeto" final da construção que realizamos para discutir os projetos de trabalho na educação infantil.

10

PROJETOS EM REGGIO EMILIA: PENSAMENTO E AÇÃO

A proposta pedagógica que vem sendo desenvolvida em Reggio Emilia tem sido bastante divulgada no Brasil[1] e está profundamente ligada à vida de Loris Malaguzzi, o inspirador e organizador dessa abordagem pedagógica. De acordo com Hoyuelos (2001), o trabalho de Malaguzzi apresentava duas constantes: projetar e ter confiança no futuro.

A ação pedagógica de Malaguzzi iniciou-se logo após a Segunda Guerra Mundial, quando começava o processo de reconstrução das escolas públicas e laicas. Tal reconstrução estava extremamente vinculada à elaboração de uma pedagogia transgressora, que rompesse com o formato escolar legado pelos fascistas, propondo uma escola que pudesse lutar contra a acomodação e o tédio, e que oferecesse um novo tipo de convivência e aprendizagem para que, ao contribuir com a formação humana, pudesse garantir que Auschwitz não se repetiria.

Aquilo que vem sendo denominado *Reggio Aproach* é uma combinação das ideias que Malaguzzi teve a capacidade de sistematizar, questionar e transformar em ações coletivas. O lema desse educador era, "para as crianças, é preciso oferecer o melhor". Esse melhor significa certamente um espaço que ao mesmo tempo acolha e desafie as crianças, com a proposição de atividades que promovam a sua autonomia em todos os sentidos, a impregnação de todas as formas de expressão artística e das diferentes linguagens que possam ser promovidas junto a elas.

---

[1] Temos traduzidos vários livros de autores que contam a experiência de Reggio Emilia, tal como se pode ver nas referências.

Isso pode ser sintetizado em alguns princípios que regem a pedagogia reggiana, nos quais se centra toda a prática pedagógica ali desenvolvida, a saber:

- Uma escola sem muros, isto é, conectada com as crianças e a cidade onde está localizada – com as diversas organizações políticas, sociais e culturais e, de modo especial, com as famílias. Esta é uma proposta pedagógica enraizada em uma cultura transparente, que considera o entorno físico e social como um parceiro na construção dos processos de conhecimento.
- A consideração pelas inúmeras potencialidades das crianças e o respeito pela sua cultura. As crianças têm potencialidades, são competentes e curiosas, e acreditar nisso é fundamental para constituir uma escola que queira impulsionar as crianças a usarem as suas capacidades para prever, resolver problemas, planejar, encontrar soluções, organizar seu trabalho, estabelecer relações e compreender como funciona o mundo, construindo sua história. As crianças são pessoas, não apenas alunos. Em seu discurso, Loris Malaguzzi afirmou: "É necessário que estejamos convencidos, nós, os adultos, de que as crianças não possuem apenas direitos, mas que são portadoras de uma cultura própria. Que têm capacidade de elaborar cultura, que podem construir sua cultura e contaminar a nossa" (apud Hoyuelos, 2004, p.56).
- A evidência de uma inversão no papel dos adultos e das crianças quanto ao ouvir e o falar. Em Reggio Emilia, em vez do professor falante, temos o professor que aprende a escutar as crianças. "Escutar" através da observação, da sensibilidade, da atenção, das diferentes linguagens. Para Vea Vecchi (2004, p.67), a escuta é uma atitude de acolhida do outro, do diferente de mim, do próprio eu. A prática da escuta é uma contraproposta à incapacidade dos adultos de estarem atentos e considerarem as palavras e as ações das crianças. Escutar também é esperar, é dar tempo. David Altimir (2006) afirma que a "escuta é uma atitude receptiva que pressupõe uma mentalidade aberta, uma disponibilidade de interpretar as atitudes e as mensagens lançadas pelos outros e, ao mesmo tempo, a capacidade de recolhê-los e legitimá-los. Uma atitude que cabe adotar se cremos em um modelo educativo que considera as crianças como portadoras de cultura, com indivíduos capazes de criar e construir significados mediante processos sutis e complexos. A escuta considera que, para aprender, as crianças devem estar em relação com os outros".

É, portanto, escutar, compreender, reorganizar, ofertar, perguntar como condição fundamental daquilo que educadores e crianças fazem na escola. É dessa forma que suas inteligências se produzem, em colaboração, no contexto da escola.

- A pedagogia é sistêmica, porque ela nasce de uma relação entre pessoas. É preciso dialogar, conversar sobre tudo e, fundamentalmente, entre todos. Se a educação das crianças acontece em um mundo de relações, todos precisam colaborar com seus pontos de vista. Não são somente consensos que a educação procura, mas é também confronto, com a criação de um espaço de confiança, onde é possível discutir tudo entre todos e onde todos são vistos como pessoas que têm algo a dizer e que precisam ser escutadas.
- O entendimento de que todos os seres humanos têm cem linguagens, principalmente as crianças. É necessário oferecer para elas muitas experiências com diferentes linguagens, assim como diferentes formas de representação, como o desenho e a modelagem, para que elas possam tornar visíveis as suas aprendizagens. Cada situação e cada aprendizagem pode favorecer linguagens distintas. Ao passarem de uma linguagem para outra, as crianças descobrem que cada transformação gera algo de novo, complexifica e faz aprender sobre aquela linguagem expressiva, comunicativa, simbólica, cognitiva, ética, metafórica, lógica, imaginativa e relacional.
- A documentação é um processo para o registro da leitura e dos valores dos processos de aprendizagem das crianças, constituindo-se em um instrumento de interpretação e de conhecimento. A documentação é o início de tudo, pois o indivíduo, ao registrar e analisar suas experiências, pode qualificar a análise e a reflexão. Com essa prática, começou-se a criar uma memória para cada escola, um alto nível de discussão entre os professores. O registro material favorecia o processo de interpretação, de construção de sentido através do dialogo, da argumentação e da reflexão. A documentação é suporte para a pesquisa do professor, para o conhecimento do grupo, para a proposição de conteúdos. A discussão a partir da documentação leva a pensar sobre situações reais, não sobre teorias e palavras com as quais, ingenuamente, nós podemos concordar. Mas é na prática que se decide o destino da educação e o futuro dos homens. É essencial participar e ser parte, sentir-se protagonista e responsável dos acontecimentos presentes e futuros.

120 Barbosa & Horn

- A qualidade dos espaços escolares reflete uma nova forma de pensar a educação. A organização do ambiente é uma linguagem silenciosa, que sugere conteúdos, ideias e relações e propostas. Os espaços foram elaborados para trabalhar em grupo, conversar, refletir, revisar as experiências e teorias para, assim, poder encontrar ordem e significado.
- A formação permanente dos professores inicia a partir daquilo que os próprios educadores produzem, acreditando que as competências educativas nascem da interação com a prática educativa e com as crianças – e quem está com elas – são os primeiros produtores de cultura da infância. Todos os adultos e as crianças são vistos como seres criativos, capazes de gerar aprendizagem.
- O ateliê é um espaço para romper com a normalidade da escola, já que a presença de um artista é uma forma de questionamento, de atenção à arte, à estética, à investigação visual e à criatividade. Muitos dos projetos e pesquisas da escola acontecem nesse espaço, porque este é um lugar especial, uma oficina, um depósito, com objetos e instrumentos que podem gerar fazeres e pensares, despertando as cem linguagens.
- É possível falar de uma formatação da pedagogia de Reggio Emilia. Por um lado, ela traz para o cotidiano da escola a surpresa, o inusitado, e, por outro, é extremamente intencional. Isso não significa a ausência de planejamento, mas a certeza de que é impossível controlar todos os fatores e de que, para desenvolver as capacidades humanas, não se pode deixá-los ao sabor da sorte, já que são conscientes e constituem elementos de estudo. Quanto mais sensível for o adulto, quanto mais ele conhecer sobre as diferentes áreas de conhecimentos, mais ele será capaz de oferecer às crianças situações de aprendizagem interessantes. É preciso menos conteúdos préfixados e mais conhecimentos. As crianças constroem sem cessar os contextos narrativos. É um desejo e uma necessidade da nossa espécie dar sentido aos acontecimentos, e a narratividade constrói tramas de significado entre sujeitos e situações diversas.
- Não é preciso predeterminar os conteúdos; geralmente, quando escrevemos programas, simplificamos o mundo. São muitas as possibilidades, por isso é importante oferecer para as crianças vestígios do mundo, sobre o qual ela fará perguntas e que nos auxiliará a construir os caminhos. Como dizia Malaguzzi, às vezes ter muito na mochila significa ter menos na cabeça".
- Projeto e programa educativo são coisas diferentes. A programação é um planejamento detalhado com objetivos, atividades, recursos, avaliação, etc. Se deixamos pendentes os conteúdos e per-

Projetos pedagógicos na educação infantil **121**

mitimos às crianças que construam vínculos e relações temos, então, um projeto. Não significa abandonar as crianças, mas matizar, rigorosamente, que perguntas fazer, quais materiais utilizar, como documentar a experiência colocando em ação a ideia de coensino entre adulto e criança. Desse modo, as crianças criam vínculos entre os conhecimentos, os pontos de intersecção, as aprendizagens. A diversidade e a complexidade não são, portanto, problemas a serem enfrentados, mas recursos que se devem ser promovidos, gerando a abertura para a diferença, para o outro, para a hospitalidade.

Tais princípios explicitam-se e tornam-se compreensíveis através do trabalho desenvolvido com projetos em Reggio Emilia. Essa forma de organizar o ensino nessa rede de escolas infantis caracteriza-se principalmente pela oportunidade da palavra dada às crianças, pelo prestar atenção ao que observam, dialogam e brincam, enfim, por tudo o que pode interessá-las. Nesse contexto, elas vivenciam uma rica experiência ao conversarem em pequenos e grandes grupos nos quais as ideias voltam, voam alto ou se diluem. O conhecimento chega-lhes através de conversas, de diálogos e de discussões que podem surgir na releitura partilhada dos materiais, em um processo de reflexão contínuo entre as crianças. Na dimensão da Reggio Emilia, projetar significa prever e antecipar ideias.

A seleção dos conteúdos quase sempre vem determinada por fatos que nascem da própria experiência do grupo, com o objetivo sempre presente de dialogar, de negociar e de organizar ideias. A aquisição do conhecimento deve levar em conta o poder de interpretação das ferramentas que se empregam e daquelas que podem estimular as ideias e despertar novos pensamentos. Isso fica evidente em um projeto realizado em Reggio Emilia, denominado O sapato e o metro, que nos convida a escutar a história de um grupo de crianças de cinco anos, alunos do Parvulário de Diana, uma das escolas dessa região. Nesse projeto, as crianças tratam de dar forma e significado aos conceitos de medida e número, cuja síntese que ora passamos a analisar é fruto de estudo e análise de um livro publicado pela Reggio Children (1997).

> **Um problema na vida diária...**
>
> Muitas vezes, "forçamos" situações para que se transformem em projetos de trabalho e não consideramos situações aparentemente tão simples e cotidianas que desencadeariam ricas e significativas experiências para nossos alunos.
>
> *(continua)*

(continuação)

> (...) na história que aqui se relata, as crianças enfrentam um problema de vida diária. Surge na sala de aula a necessidade de se ter uma outra mesa com as mesmas dimensões da que já existe; além das mesmas dimensões, é preciso ter a mesma forma. Que podemos fazer agora? As crianças sugerem que chamemos o carpinteiro. "Como podemos dizer exatamente o que queremos?". O carpinteiro disse: "Deem as medidas que eu faço (...) Vocês sabem medir?". (p.10)

Como podemos observar, o problema estava posto e as crianças desafiadas a desvendá-lo, dando margem assim a se aproximarem do mundo numérico e da matemática. Esse processo certamente não será uma simulação, nem tampouco um experimento de laboratório, mas sim a busca real e construída por educadores e crianças na resolução do problema da vida real.

Descobrir por si mesmos e a intervenção do educador...

A aprendizagem e a percepção dos sons, dos espaços, das medidas, das dimensões e dos números fazem parte do cotidiano das crianças. As linguagens matemáticas se fazem presentes na vida contemporânea e, consequentemente, interagem de forma ativa com muitos símbolos e signos matemáticos.

> (...) algumas crianças respondem ao carpinteiro que é difícil medir (...) Allan é o primeiro que se manifesta, afirmando que se mede e se conta com os dedos, colocando-se um atrás do outro. A ideia de Allan é acatada e compreendida pelos companheiros. A discussão continua e Tommaso e Daniela se afastam um pouco e retornam com folhas de papel dizendo: "Para compreender a mesa é preciso desenhá-la". (p.15)

Podemos observar no desenho acima que as crianças reproduzem as mesas como as utilizam, com garrafas do suco, vasos, um computador. Isso comprova o quanto elas ainda percebem o problema de modo global.

Ao observarem o desenho das crianças, as educadoras decidem propor que se utilize outra mesa igual, situada fora do contexto do espaço do próprio grupo, para que as crianças possam perceber suas formas essenciais. Incentivaram a ideia proposta por Allan: conta-se com os dedos. Além disso, usam também outras partes do corpo como a mão aberta, um punho, uma perna. Parece que descobriram que uma unidade de medida mais comprida pode simplificar o trabalho. Descobrem também que outros objetos externos ao corpo servem para medir e que são mais fáceis de manejar: "Vou à cozinha buscar uma colher". "Eu vou tentar com um livro". Nesse momento, as educadoras percebem que essa nova etapa do processo exigirá das crianças uma aprendizagem em termos mais analíticos, compreenderão que o resultado da comparação (o número que expressa a medida) depende do tamanho do objeto escolhido para medir. Nesse processo, deverão passar das descobertas concretas para as mais abstratas, devendo também empregar o uso de uma linguagem nova com palavras que habitualmente não usam (p.17).

O desafio que se coloca nesse momento aos educadores é o de facilitar o processo cognitivo das crianças. Que atividades, então, poderiam ser pro-

(continua)

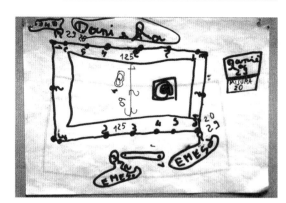

Figura 10.1
Desenho das crianças
registrando medidas da mesa.
Fonte: Reggio Children, 1997, p. 49.

(continuação)

postas às crianças? Em uma sequência desencadeada por uma atividade de saltar e medir o tamanho do salto, as crianças foram sendo cada mais desafiadas a usar outros objetos para medir e a utilizar o pensamento de modo mais abstrato. Obviamente, essas proposições foram fruto de muitas reflexões e discussões entre os educadores que interagiam com as crianças. Usar uma corda como medida foi a grande descoberta das crianças, abrindo caminho para chegarem até a utilização do metro confeccionado por elas próprias. Certamente que os metros diferiam em tamanho, já que cada criança confeccionara um metro diferente em tamanho do outro.

Escola de Diana

A necessidade de tornar o instrumento de medida com um único tamanho faz as crianças pensarem no uso de um sapato para medir a mesa, parecendo "retroceder" no modo de pensar, já que retomam um objeto depois de terem confeccionado um metro. Na realidade, isso nos mostra que os pensamentos das crianças não são lineares, são construções que por vezes vão em uma direção, em outras retomam caminhos esquecidos. Nesse caso, parece evidente que as crianças sentiram a necessidade de abandonar os números e retomar o uso de objetos mais concretos.

Tomazo se dá conta de que seus amigos estão surpresos com o resultado, volta a medir e conta seis sapatos e meio. Marco reforça a nova unidade de medida encontrada, buscando correspondência em suas mãos e o tamanho do sapato e diz: "É sempre igual, o sapato é sempre igual, temos de dizer ao carpinteiro! Temos de anotar esta medida!". As crianças ainda comemoram o resultado quando Tomazo diz: "Por que não buscamos um metro de verdade? (p.41).

(continua)

Figura 10.2
Crianças realizando medição da mesa.
Fonte: Reggio Children, 1997, p. 30 e 34.

(continuação)

A documentação como modo de compreender melhor as crianças

Quando falamos em documentar, não estamos nos referindo àquela documentação que envolve a ideia de conservar e utilizar os resultados finais de projeto, mas sim a de compreender melhor as crianças e propor encaminhamentos significativos ao trabalho em desenvolvimento. É, pois, de fundamental importância que possamos observar além do entorno da criança, os processos internos de pensamento.

É necessário que nos aproximemos das crianças para observá-las e documentar com respeito, curiosidade e solidariedade, fazer muitas perguntas, não ter medo das dúvidas e não nos deixarmos seduzir por generalizações demasiado rápidas da informação que recolhemos. É necessário que tenhamos um bom sentido de relatividade, que compartilhemos nossas ideias coletivamente e busquemos pontos de vista diferentes. Devemos ser conscientes de que a documentação daquilo que observamos é, muitas vezes, inapreciável e autodegenerativa. O material que recolhemos torna possível a possibilidade de comparar nossas próprias ideias e pontos de vista com os de outros, discutindo e refletindo sobre os avanços que vamos conseguindo. Além dis-

(continua)

Figura 10.3
Registros das crianças.
Fonte: Reggio Children, 1997, p. 32.

(continuação)

> so, o material documental permite-nos revisitar novamente o que foi bem-sucedido para levantar novas hipóteses e encontrar novos significados, podendo experimentar a maravilhosa sensação de descobrir um novo caminho que alimenta o que vem acontecendo, reorientando o trabalho. Nossa consciência da importância que assume a documentação no projeto orienta a seleção de instrumentos e o modo de observar (p.66).

Ao finalizarmos este capítulo e o texto deste livro propriamente dito, gostaríamos de salientar a importância de se tentar compreender as crianças e seus conhecimentos, colocando esses dois aportes como imprescindíveis à realização de qualquer projeto pedagógico. As crianças têm sempre muitas hipóteses e interpretações acerca das coisas e do mundo que as rodeiam. Para desvendar seus "mistérios" e seus pensamentos, é fundamental que as escutemos, que registremos e documentemos suas falas, suas produções e suas brincadeiras. Nesse processo, torna-se necessário entendermos que o seu ritmo e o seu desenvolvimento não é linear nem tampouco contínuo. Muitas vezes, as crianças têm atitudes que nos parecem um retrocesso se não entendemos "as voltas" que seu pensamento dá, como bem vimos no projeto descrito neste capítulo. Portanto, é essencial a habilidade que o educador deverá desenvolver para sensibilizar-se e entender os caminhos que as crianças fazem para responder às hipóteses que formulam.

A responsabilidade que se impõe a todos nós, educadores, está em poder propiciar às nossas crianças uma afinada sintonia com o futuro condicionada pelo presente!

REFERÊNCIAS

ÁLVAREZ I LES, C. Afrontar la diversidad em el aula. *Cuadernos de Pedagogía*, n.332, fev. 2004, p.56-58.

ALTIMIR, D. *Como escoltar els infants?* Barcelona: Associacio de Mestres Rosa Sensat, n.53, 2006.

BARBOSA. Revista Projeto, ano 3, n. 4, jun. 2001.

BARBOSA, M.C.S. Pedagogia de projetos na educação infantil. In: *Planejamento e avaliação*: perspectivas não convencionais. Porto Alegre: Mediação, 2000.

———— . *Por amor e por força*: rotinas na educação infantil. Porto Alegre: Artmed, 2006.

BARBOSA, M.C.; HORN, M.G.S. Por uma pedagogia de projetos na escola infantil. *Pátio*: Revista Pedagógica, Porto Alegre, ano 2, n. 7, p. 28-31, nov. 1998/jan. 1999.

BONDIOLI, A. MANTOVANNI, S. (Org). *Manual de educação infantil:* de 0 a 3 anos: uma abordagem reflexiva. Porto Alegre: Artmed, 1998.

BOUTINET, Jean-Pierre. Antropologia do projeto. Porto Alegre: Artmed, 2002.

BRASIL. Lei n. 9.394 de 20 de dez. 1996. Lei de diretrizes e bases da educação nacional. Disponível em: http://portal.mec.gov.br/arquivos/pdf/ldb.pdf.

BRUNER, J. *La educacion:* puerta de la cultura. Madrid: Visor, 1997.

CAVALCANTI, Z. *Trabalhando com história e ciências na pré-escola*. Porto Alegre: Artmed, 1995.

DAHLBERG, G.; MOSS, P.; PENCE, A. *Qualidade na educação da primeira infância*: perspectivas pós-modernas. Porto Alegre: Artmed, 2003.

DEWEY, J. *Vida e educação*. São Paulo: Melhoramentos, 1959.

EDWARDS, C.; GANDINI, L.; FORMAN, G. *As cem linguagens da criança*: a abordagem de Reggio Emilia na educação da primeira infância. Porto Alegre: Artmed, 1999.

FEBRER, M. El papel de lãs famílias. *Cuadernos de Pedagogía*, n.332, fev. 2004.

FORMOSINHO, J. et al. *Comunidades educativas*: novos desafios à educação básica. Braga: Livraria Minho, s.d.

Referências **127**

FREIRE, M. *A paixão de conhecer o mundo*: relatos de uma professora. São Paulo: Paz e Terra, 1986.

FREIRE, P. *A educação como prática da liberdade*. Rio de Janeiro: Paz e Terra, 1967.

GANDINI, L.; EDWARDS, C. *Bambini*: a abordagem italiana à educação infantil. Porto Alegre: Artmed, 2002.

GARDNER, H. *A criança pré-escolar:* como pensa e como a escola pode ensiná-la. Porto Alegre: Artmed, 1994.

_____ . *Inteligências múltiplas*: a teoria na prática. Porto Alegre: Artmed, 1995.

GIOVANINI, D. In: GANDINI, L.; EDWARDS, C. *Bambini*: a abordagem italiana à educação infantil. Porto Alegre: Artmed, 2002.

GREGORY, R. Vendo a inteligência. In: KHALFA, J. (Org.). *A natureza da inteligência*. São Paulo: UNESP, 1996.

HERNÁNDEZ, F. Pasion em el processo de conocer. *Cuadernos de Pedagogia,* n.332, fev. 2004.

HERNÁNDEZ, F.; VENTURA, M. *A organização do currículo por projetos de trabalho*: o conhecimento é um caleidoscópio. Porto Alegre: Artmed, 1998.

HELM, J.H.; BENEKE, S. *O poder dos projetos*: novas estratégias e soluções para a educação infantil. Porto Alegre: Artmed, 2005.

HORN, M.G.S. O currículo na escola infantil: a organização do ensino em projetos de trabalho. *Educação*, Porto Alegre, ano 22, n. 38, p. 51-62, jun. 1999.

HORN, M.G.S. *Sabores, cores, sons e aromas*: a organização dos espaços na educação infantil. Porto Alegre: Artmed, 2004.

HOYUELOS, A. Loris Malaguzzi: pensamiento y obra pedagógica. *Cuadernos de Pedagogia,* n.307, oct. 2001.

JOLIBERT, J. *Formando crianças leitoras*. Porto Alegre: Artmed, 1994.

JOLIBERT, J. et al. *Além dos muros da escola:* a escrita como ponte entre alunos e comunidade. Porto Alegre: Artmed, 2006.

JOLIBERT, J. et al. *Formando crianças produtoras de textos*. Porto Alegre: Artmed, 1994.

KRAMER, S. Proposta pedagógica 1997. *Revista Educação e Realidade.*

LIPMAN, M.N. *Diálogos Vygotskianos*. Porto Alegre: Artmed, 1997.

LÓPEZ RUIZ, J.; ANGUITA, M. Espacio para la acogida y el dialogo: conversar e reinventarse en compañia. *Cuadernos de Pedagogía*, n.332, fev. 2004, p.59-61.

LOURENÇO FILHO, M. B. *Introdução ao estudo da Escola Nova*. São Paulo: Melhoramentos, 1929.

_____ . *Organização e administração escolar*. São Paulo: Melhoramentos, 1963.

MACHADO, N. *Educação*: projetos e valores. São Paulo: Escrituras, 2000.

MAJORAL, S. *Veig tot el mon! Creixer junts tot fent projetes*. Barcelona: Associacio de Mestres Rosa Sensat, 2004. n. 48.

PORTUGAL. Ministério da Educação. *Educação pré escolar*: qualidade e projetos. Lisboa, 1998.

MONTESSORI, M. et al. *Pedagogias do século XX*. Porto Alegre: Artmed, 2003.

128 Referências

MORIN, E. *A cabeça bem-feita*: repensar a reforma, reformar o pensamento. Rio de Janeiro: Bertrand Brasil, 2000.

MORIN, E. *O X da questão*: o sujeito a flor da pele. Porto Alegre: Artmed, 2003.

DAHLBERG, G.; PENCE, A.; MOSS, P. *Qualidade na educação da primeira infância*. Porto Alegre: Artmed, 2003.

MUSSATTI, T. In: GANDINI, L.; EDWARDS, C. *Bambini*: a abordagem italiana à educação infantil. Porto Alegre: Artmed, 2002.

MUNARI, B. *Das coisas nascem coisas*: Rio de Janeiro: Martins Fontes, 1998.

PERRENOUD, P. *A prática reflexiva no ofício de professor*: profissionalização e razão pedagógica Porto Alegre: Artmed, 2002.

POURTOIS.

RABITTI, G. *À procura da dimensão perdida*: uma escola de infância de Reggio Emilia. Porto Alegre: Artmed, 1999.

REGGIO CHILDREN. *El Zapato y el metro*: los niños y la medida: primeira aproximación al descubrimiento, a la función y al uso de la medida. Barcelona: Octaedro, 1997.

ROMERO, J. Que há supuesto para mi hacer proyectos? *Cuadernos de Pedagogia*, n.332, fev. 2004.

SHORE, R. *Repensando o cérebro*: novas visões sobre o desenvolvimento inicial do cérebro. Porto Alegre: Mercado Aberto, 2000.

SHORES, E.; GRACE C. *Manual de portfólio*: um guia passo a passo para o professor. Porto Alegre: Artmed, 2004.

ROBIRA, M.V. Los proyectos de trabajo: una forma de compartir preocupaciones. *Cuadernos de Pedagogia*, n. 291, p.26-31, 1999.

SACKS, O. *O homem que confundiu sua mulher com um chapéu*. Rio de Janeiro: Imago, 1987.

SANTOMÉ, J. *Globalização e Interdisciplinariedade*. Porto Alegre: Artmed, 1998.

SPAGGIARI, S. Atravesar os limites. *Cuadernos de Pedagogía*, n.307, p.58, nov. 2001.

TONUCCI, F. *A los tres años se investiga*. Barcelona: Hogar del libro, 1986.

_____ . *Com olhos de criança*. Porto Alegre: Artmed, 1997.

VALIATI, M.E.; CAIRUGA, R.R. A avaliação como uma experiência compartilhada. *Revista Pátio Educação Infantil*, ano 2, n.4, nov. 2005/fev. 2006.

VASCONCELOS, T. *Ao redor da mesa grande:* a prática educativa de Ana. Porto/Portugal: Porto Editora, 1997.

VECCHI, V. La luz: pensamientos, imaginários y exploraciones. *Cuadernos de Pedagogía*, n.307, p.67, oct. 2001.

VYGOTSKY, L.S. *Formação social da mente*. São Paulo: Martins Fontes, 1984.

_____ . *Pensee et langage*. Paris: Terrains, 1985.

WALLON, H. *As origens do pensamento das crianças*. São Paulo: Manole, 1989.

WARSCHAUER. *A roda e o registro*. São Paulo: Paz e Terra, 1983.

ZABALZA, M. *Qualidade em educação infantil*. Porto Alegre: Artmed, 1998.